CRISTO, la LLAVE

CRISTO, la LLAVE

LA CENTRALIDAD DE CRISTO
EN EL ANTIGUO TESTAMENTO

CHAD BIRD

Cristo, la llave: La centralidad de Cristo en el Antiguo Testamento
Chad Bird

Publicado en © 2023 por Proyecto Nehemías,
170 Kevina Road, Ellensburg WA 98926
www.proyectonehemias.org

ISBN (Paperback) 978-1-956658-52-1
ISBN (eBook) 978-1-956658-53-8

Traducido del libro *The Christ Key*
© 2021 por Chad Bird. Publicado por 1517 Publishing
Traducción por Cristian J Moran

Contenido

Prólogo

En hebreo, la palabra que significa «llave» (*maftéakj*) se forma a partir del verbo «abrir» (*patakj*). Por supuesto, esto tiene mucho sentido, ya que una llave está diseñada para ser algo que abre. Abre puertas. Incluso hablamos de la llave que abre el corazón de alguien. El propósito de una llave es entrar en un espacio que, de otro modo, permanecería cerrado para nosotros.

Este libro se titula *Cristo, la llave* porque su propósito es hacerte entrar en las habitaciones del Antiguo Testamento (AT). Abrir de par en par la puerta que conduce al Génesis. Entrar en la loca y salvaje sala de los Jueces. Examinar el mobiliario poético y los adornos musicales del libro de los Salmos. Sin embargo, también te espera una sorpresa. Las llaves comunes te permiten entrar en un lugar, pero las cosas que ves al interior no son la llave. Con el AT es diferente. La llave llamada Cristo no solo abre las puertas de cada habitación desde Génesis hasta Malaquías; cuando entras, lo que ves allí también es Cristo. *Él es la llave y el contenido*. De un modo u otro, cada relato, cada profeta, cada salmo, susurra su nombre y hace un guiño a su misión.

Este libro no pretende ser un estudio exhaustivo de Cristo en el AT. De hecho, es imposible escribir un libro —o una serie de libros— así. El tema es inagotable. Sería como intentar pesar las aguas del océano usando una balanza de baño y un balde de veinte litros. Más bien, estos ocho capítulos tienen la finalidad de alimentarte lo suficiente como para abrir tu apetito. Mi esperanza —es más: mi oración ferviente— es que este libro te anime a pasar el resto de tu vida diciéndole a cada parte del AT: «Muéstrame a Jesús».

El impulso para escribir este volumen surgió cuando impartí el curso «Christ in the Old Testament» [Cristo en el Antiguo Testamento] para 1517 Academy[1]. Los capítulos siguen el mismo esquema básico de las clases, pero amplían el contenido considerablemente. Si te interesa tomar el curso, es un recurso gratuito para individuos, Iglesias y grupos de estudio. Para inscribirte y obtener más información, ve a https://1517-academy.thinkific.com/courses/christ-in-the-old-testament.

También puede interesarte el pódcast «40 Minutes in the Old Testament» [40 minutos en el Antiguo Testamento], que Daniel Emery Price y yo hemos copresentado por varios años. Empezamos en Génesis 1 y, habiendo avanzado capítulo por capítulo, ya estamos en 2 Reyes. En ese pódcast encontrarás cientos de horas de conversación sobre la variedad de formas en que Cristo aparece o es prefigurado por las vidas de los patriarcas y quienes siguieron.

Mientras lees, ten en cuenta los dos siguientes puntos:

1. A veces hago referencia a la Septuaginta. Se trata de la traducción griega de la Biblia hebrea. Puesto que una traducción siempre conlleva una interpretación, es útil para comprender cómo los judíos entendían algunas partes del AT entre más o menos los siglos I a. C. y I d. C. Y puesto que los autores del Nuevo Testamento (NT) citan la Septuaginta con frecuencia, es un vínculo importante entre los dos testamentos.

2. Cuando cito textos bíblicos, suelo destacar ciertas palabras griegas o hebreas escribiéndolas con letras de nuestro idioma. Casi sin excepción, estas transliteraciones son solo la raíz o el tema del griego o hebreo original, no son la forma gramatical completa. Suelo hacerlo para mostrar los vínculos entre los diversos pasajes. La forma simple de la raíz es la más eficaz para los lectores que no conocen las lenguas originales.

---

1. Hasta la fecha, los recursos mencionados en este prólogo solo están disponibles en inglés (N. del T.).

Capítulo 1

La Biblia en capas

Metida en el bolsillo trasero de mis bluyines pata de elefante llevaba el arma con la que aterrorizaba a los roedores y gorriones de los terrenos de mi infancia en los años setenta. Para fabricarla, mi abuelo, Lee Roy Bird —yo lo llamaba «Abuelito»—, había corrido el riesgo de encontrarse con serpientes de cascabel mientras buscaba la madera necesaria en los terrenos de mezquite cercanos a mi casa. Vivíamos en Jal, Nuevo México. Jal puede tener poca agua, hierba verde y belleza natural en general, pero de lo que sí puede presumir es de la abundancia de esos árboles achaparrados y llenos de espinas. Finalmente, tras una hora de búsqueda, mi abuelo encontró la rama bifurcada perfecta. Un poco de aserrado. Un poco de tallado. Un poco de lijado. Pronto, en mis juveniles manos tuve una honda equipada con dos anchas tiras de goma y una badana de cuero hecha con una vieja lengüeta de zapato.

Y así, extrañamente, comenzó mi carrera en la interpretación bíblica.

Criado como un bautista del sur que asistía a la iglesia y a la escuela dominical, di mis primeros pasos con las viejas historias en las que las arcas se convertían en zoológicos y los mares se partían por la mitad. Memoricé cada palabra del primer capítulo de la Biblia y, a petición de nuestro predicador, una mañana de domingo lo recité desde el púlpito. Daniel y el foso de los leones. La túnica multicolor de José. El vellón de

Gedeón. Todas estas historias inolvidables formaron el catálogo de mi joven mente. Sin embargo, en mi opinión, el héroe más grande de todos era ese joven y audaz pastor que había enfrentado al filisteo incircunciso teniendo por única arma una honda y cinco piedras lisas. Todos los demás héroes y heroínas de las Escrituras eran estrellas, pero David era el que brillaba más. Y ahora, con una honda en la mano y los bolsillos repletos de guijarros, estaba listo para ser un acólito de su ilustre legado.

Pasarían muchos años antes de que aprendiera la palabra latina *imitatio*, pero, sin saberlo, ya me dedicaba a ello a un nivel elemental. Me dedicaba a imitar, a seguir un modelo, a copiar. Aspiraba a ser como mi héroe David. El relato de su juventud sería el modelo de la mía. Perfeccionaría mis habilidades. Agudizaría mi ingenio. Claro, quizás nunca me enfrentaría a un verdadero Goliat, pero los enemigos pueden manifestarse de múltiples formas. Y un niño nunca estará demasiado preparado para el campo de batalla que sea.

Mis maestros, sin duda con piadosa sinceridad, alentaron y cultivaron esta forma imitativa de pensar en las historias de la Biblia. La obediencia de Noé, la humildad de Moisés, la vida de oración de Daniel, la devoción de Rut; todos estos hombres y mujeres modelaban la vida de un verdadero y serio seguidor de Jesús. Pero, por otro lado, en el antiguo Israel no faltaron los pillos y los inútiles cuyas vidas mancharon este relato sagrado. El sanguinario Caín. El desagradecido Esaú. El testarudo Balaam. No seas como los malos, sino como los buenos: ese era el credo de la niñez. Aún tenía mucho camino por recorrer, pero al menos tenía la vista fija en un objetivo. Enganché mi carro a la estrella de David. Y en mi bolsillo trasero, llevaba la honda que, para mí, comprimía en un solo icono de madera mi hermenéutica —el enfoque con el que leía, interpretaba y aplicaba las antiguas historias de Israel—.

Cuarenta años más tarde, esa misma honda, envejecida por el tiempo, se encuentra ahora en una estantería a pocos metros de mí. Es uno de los recuerdos más preciados de mi juventud, y me recuerda a mi Abuelito, que lleva ya casi veinte años en la gloria con nuestro Señor.

Sin embargo, también la mantengo a la vista por otra razón, no necesariamente tan positiva, pero de vital importancia. Cada vez que mis ojos se encuentran con ella, recuerdo un cambio radical en mi enfoque de las Escrituras, cuando el credo de «ser como los buenos, no como los malos» acabó desechado en ese montón de basura denominado moralismo.

Como la mayoría de las cosas en la vida, este cambio en mi interpretación de las Escrituras fue el resultado de múltiples factores. Para empezar, crecí. Descubrí la oscura realidad de la humanidad caída. Me di cuenta de que, tal como las personas de hoy (incluido yo) no son buenas ni malas sino una mezcla, lo mismo sucedió con los héroes bíblicos de mi infancia. El que mató a Goliat se convirtió en el que asesinó a Urías. El obediente constructor del arca fue también el borracho y desnudo Noé. Y en cuanto a la devota Rut, ¿qué ocurrió exactamente en aquel campo durante su arriesgada cita nocturna con Booz? «Muéstrame un héroe y te escribiré una tragedia», dijo F. Scott Fitzgerald. Si leyéramos el Antiguo Testamento (AT) buscando modelos de conducta, todos podríamos acabar siendo polígamos borrachos y fratricidas que embarazan a sus nueras y construyen templos para el sacrificio de niños. No; un enfoque moralizante e imitativo de las historias de Israel es la fórmula del desastre interpretativo.

Otra razón por la que abandoné ese enfoque fue que, durante mis estudios de posgrado con rabinos y eruditos judíos, me dieron a conocer lo que se denomina «intertextualidad», o —como a veces la llamo— «la superposición de capas de las Escrituras». Es la idea de que, a medida que el Espíritu iba inspirando y poniendo por escrito cada vez más material bíblico, cada libro se basaba en lo que lo precedía. Y cada nueva capa interactuaba con las anteriores y las interpretaba. Por ejemplo, Éxodo no solo *sigue* a Génesis, sino que lo interpreta. Asimismo, Josué interpreta Deuteronomio, Isaías interpreta Jueces, y así sucesivamente hasta llegar al Nuevo Testamento (NT), que interpreta todo el AT. Existe, por lo tanto, una «intertextualidad», es decir, textos que interpretan textos. En lugar de leer la Escritura como si fuera una versión cristiana de las fábulas de Esopo, salpicada de buenos y malos ejemplos de conducta, empecé a leerla como una red de interconexiones en múltiples capas que van construyendo la Gran historia de las Escrituras. Ya hablaremos más de este tema dentro de algunas páginas.

La última y más importante razón por la que dejé de leer el AT como una especie de manual moral fue la siguiente: empecé a tomar en serio la insistencia del NT en que todo, desde Génesis hasta Malaquías, se trata, de algún modo, de Jesús el Mesías. Esta verdad se encuentra en los labios del propio Cristo. Por ejemplo, cuando Jesús caminó con los discípulos de Emaús el día en que resucitó, «Comenzando por Moisés y continuando con todos los profetas, les explicó lo referente a Él en todas las Escrituras» (Lc 24:27). Más tarde, ese mismo día, les recordó a sus seguidores: «… era necesario que se cumpliera todo lo que sobre Mí está escrito en la ley de Moisés, en los profetas y en los Salmos» (Lc 24:44). Al principio de su ministerio, dijo a sus detractores: «Ustedes examinan las Escrituras porque piensan tener en ellas la vida eterna. ¡Y son ellas las que dan testimonio de Mí! […] Porque si creyeran a Moisés, me creerían a Mí, porque de Mí escribió él. Pero si no creen sus escritos, ¿cómo creerán Mis palabras?» (Jn 5:39, 46-47). Seguir al Mesías implica seguir su forma de interpretar las Escrituras. Y a juzgar por sus palabras, las interpretó, en su totalidad, como un testimonio sobre sí mismo.

Sus discípulos también lo hicieron. Ya en el primer capítulo de Juan, Felipe le dijo a Natanael: «Hemos hallado a Aquel de quien escribió Moisés en la ley, y también los profetas, a Jesús de Nazaret, el hijo de José» (1:45). En Hechos, Pedro declaró: «Dios ha cumplido así lo que anunció de antemano por boca de todos los profetas: que Su Cristo debía padecer» (3:18). Añade que «todos los profetas que han hablado desde Samuel y sus sucesores en adelante» anunciaron los días del Mesías (3:24). Pedro predicará más tarde que «De [Cristo] dan testimonio todos los profetas, de que por Su nombre, todo el que cree en Él recibe el perdón de los pecados» (10:43). Observa cómo Pedro insiste tres veces en que «todos los profetas» hablaron del Mesías y su advenimiento. No uno, ni algunos, ni la mayoría, sino todos. Pablo añadirá su propio signo de exclamación a las palabras de Pedro diciendo a los corintios que, «tantas como sean las promesas de Dios, en [Cristo] todas son sí» (2Co 1:20).

Por supuesto, Dios habló del Mesías «en muchas ocasiones y de muchas maneras» a su pueblo de antaño por medio de los profetas, como dice Hebreos (1:1). El discurso profético no era monótono, sino que su tono e intención variaban de un autor a otro. Lo que en Isaías 53 o el Salmo 22 es una referencia clara al Mesías, en los relatos sobre Sansón o en los dichos sapienciales de Proverbios está más latente. Sin embargo, ¡eso solo aumenta el gozo de la búsqueda; la emoción de la labor interpretativa! Como los arqueólogos, nos ensuciamos en estos antiguos sitios textuales, escarbando y tamizando los diversos niveles del discurso, la metáfora, la alusión, la prefiguración y los patrones para descubrir los artefactos que el Espíritu ha dejado para enseñarnos sobre el Hijo. Por ejemplo, recuerdo el momento, hace muchos años, en que me di cuenta de que Isaías, en una profecía sobre el Mesías (9:4), aludía a un detalle de Gedeón, en el libro de Jueces. Repentinamente, me sentí como los discípulos de Emaús, cuyo corazón ardía en su interior mientras Jesús les abría las Escrituras (Lc 24:32). Con el corazón en llamas, rastreé las conexiones entre Gedeón e Isaías y Jesús, saltando de un versículo a otro. Lo que antes me había parecido simplemente otra batalla sangrienta del oscuro libro de los Jueces, ahora brillaba con la gloriosa luz del evangelio. Cuanto más estudié, más se multiplicaron estas experiencias a lo largo de los años. Cada vez que vuelvo a un texto para meditar otra vez en él —cogiéndolo, volteándolo, sacudiéndolo—, deja caer una nueva joya cristológica. Lo que dijo Ben Bag-Bag, rabino del siglo I, acerca de la Torá, se aplica a todo el AT: «Dale vueltas y más vueltas, porque todo se encuentra allí».

Podría decirse, entonces, que si mi vieja y fiel honda fue el ícono de mi enfoque interpretativo cuando era más joven, fue sustituida por la imagen del pesebre[1]. Acércate a él. Mira en su interior. Allí, acunado, está el Mesías. Allí descansa. Puede que no luzca como un Salvador poderoso, en esta cuna común y corriente, envuelto en pañales y durmiendo. Pero tu vista te engaña. Es él. En ese pesebre está el Logos por el cual toda la creación llegó a existir; el Mensajero del Padre, que guió a Israel por el desierto; la Gloria de Dios que llenó el tabernáculo; el Hijo del Hombre

---

1. Estoy en deuda con Martín Lutero por esta imagen. En su «Prefacio al Antiguo Testamento», dice que el AT es «el pesebre en el que yace Cristo». *Luther's Works American Edition* (AE) 35:236, https://www.cph.org/c-2898-luthers-works.aspx.

al que Daniel vio recibir un reino; el Sí a todas las promesas del Padre. Los rollos de la Torá, los Profetas y los Escritos son el pesebre que acuna a este mismo Ungido de Dios. Cuando hojeemos esas páginas, descubriremos muchas cosas —leyes, historia, lamentos, cantos, oraciones, profecías, proverbios, acertijos—, pero nos esforzaremos por descubrir cómo todas ellas conforman el pesebre del Mesías.

El Tanaj: ¿Cuál es la extensión exacta de la Biblia?

Hasta ahora hemos tocado dos o tres temas en los cuales sería bueno pasar un poco más de tiempo, sobre todo porque aparecerán repetidamente en los capítulos siguientes. El primero debería ser tan obvio que casi no requiriera explicación, pero, según mi experiencia, las verdades que más frecuentemente se ignoran son las que se tienen justo en frente.

Me refiero al hecho de que, para los primeros seguidores de Jesús, su Biblia era veintisiete libros más corta que la nuestra.

Imaginemos por un momento que es el año 40 d. C. Calígula es el emperador de Roma. El templo de Jerusalén sigue en pie, su altar humea y sus atrios están llenos de actividad. Tú y un pequeño grupo, todos seguidores del Camino, están en Jerusalén, pero no en los atrios del famoso santuario. Se han reunido en la casa de un amigo. Todos los hombres del grupo están circuncidados, y todas las mujeres han crecido practicando los ritos de purificación que siguen a su menstruación. Todos están en el árbol genealógico de Abraham, Isaac y Jacob. Sin embargo, lo que los une en comunidad no es su herencia ancestral, sino la confesión compartida de que otro judío, Jesús de Nazaret, es el Mesías —crucificado, resucitado y actualmente sentado a la diestra del poder en las alturas—. Comparten una comida. Cantan algunos salmos. Elevan oraciones hebreas tradicionales. Y hablan, debaten y reflexionan sobre las Escrituras.

Ahora, te pregunto: «¿Qué Escrituras?». Ciertamente no estarían tratando los puntos más finos de la expiación, la predestinación o la justificación según la epístola de Pablo a los Romanos. Tampoco estarían descifrando los salvajes sucesos ocurridos tras la apertura del sexto sello de Apocalipsis. Tampoco estudiarían la serie de parábolas de Mateo

13. Cualquiera de estas cosas sería bastante difícil, pues aún no había ningún pergamino entintado con estos evangelios, cartas y visiones. En otras palabras, no existía el NT. Sí, las historias y enseñanzas de Jesús se contaban y volvían a contar —y, sin duda, se estaban escribiendo, al menos en forma de notas—, pero aún no había nada que se pareciera a las Escrituras del NT.

Sin embargo, eso no supuso una gran diferencia. ¿Por qué? Porque ustedes ya tenían las Escrituras. Tenían (lo que llegó a conocerse como) el Tanak, una sigla formada por T=Torá, N=Nevi'im y K=Ketuvim. El Tanak (también escrito Tanaj) se basa en la tradicional triple división judía de lo que los cristianos llaman el AT. La Torá son los cinco libros de Moisés (Génesis-Deuteronomio). Los Nevi'im o Profetas comprenden no solo aquellos que solemos considerar escritos proféticos (p. ej., Isaías y Jeremías), sino también historias proféticas como Josué, Jueces, Samuel y Reyes. Y la tercera categoría, los Ketuvim o Escritos, está formada por todo lo demás; libros como Salmos, Proverbios, Job, etc.

Volviendo a nuestro pequeño grupo reunido en Jerusalén en el año 40 d. C., la Biblia de ustedes era ese Tanaj. No es que tuvieran pergaminos de cada uno de los libros, sino que los conocían bien. Se leían, estudiaban y predicaban en la sinagoga. Incluso es posible que alguno de ustedes haya tenido formación de escriba, por lo que seguramente los habría conocido como la palma de su mano.

Mi punto principal es este: cuando ustedes enseñaban sobre el Mesías, estudiaban sus promesas, o discutían su identidad y su obra dentro de un marco bíblico, lo hacían sin jamás abandonar el contenido del Tanaj. ¿Querían hablar de lo que significaba que fuera el Hijo de Dios? Reflexionaban sobre el Salmo 2 o Daniel 7, no sobre Colosenses 1 o Filipenses 2. ¿Tenían ganas de una profunda reflexión teológica sobre su sacerdocio? No leían Hebreos, sino Génesis 14, el Salmo 110 y Levítico 8-9. ¿Necesitaban mayor claridad sobre su muerte expiatoria? No abrían Romanos, sino que reflexionaban sobre Éxodo, Isaías y los Salmos, junto con una buena dosis de Levítico. En resumen, para hablar de Jesús, hablaban de la Biblia que él mismo leyó, citó, predicó, utilizó como base, aludió y cumplió: el Tanaj o AT.

Me he esforzado por subrayar este punto porque ciertos sectores de la Iglesia actual han olvidado, ignorado o restado importancia al hecho de que la Biblia de la Iglesia primitiva era exclusivamente el AT. Cada vez que el NT menciona «las Escrituras» se refiere al Tanaj, no a Mateo, Gálatas o Santiago. Podríamos decir entonces que, en un sentido estricto, la Biblia tiene treinta y nueve libros, a los cuales se añaden otros veintisiete que son predicación, interpretación y aplicación apostólica inspirada de las Escrituras. Digo «en sentido estricto» porque no, no estoy tratando de socavar la autoridad bíblica del NT. Más bien, estoy tratando de poner en negrita, en cursiva y subrayado el hecho de que el Tanaj ya posee —implícita o explícitamente— el contenido de la fe y la confesión cristianas[2].

Las semillas de la justificación por fe, las dos naturalezas de Cristo, la Trinidad, la elección, la escatología, el bautismo, la cena del Señor —el tema que quieras—, están todas sembradas en los jardines hebreos desde Génesis hasta Malaquías. De hecho, cuando Cristo nació, algunas de ellas ya estaban en plena floración. El problema ha sido que la mayoría de los cristianos prefieren deambular por los frecuentados senderos del pequeño jardín del NT antes que aventurarse por la extraña y salvaje fauna profética del Tanaj.

Confío, pues, en que logré explicar mi punto. Permíteme ahora tomar ese punto, sacar mi navaja y afilarlo un poco más.

¡A la Torá!

Si el NT es el comentario —inspirado y hecho Escritura— del AT, a partir de Josué leemos el comentario —inspirado y hecho Escritura— de la Torá. Podríamos considerar los cinco libros de Moisés como una minibiblia. O, para usar otra metáfora, tal como un enorme roble crece a partir de una sola bellota de modo que, en la semilla, ya está presente todo el árbol futuro, así también el resto de la Escritura estaba ya presente en la Torá, esperando crecer y florecer. Cuando Dios plantó la bellota de

---

2. Como dice Lutero: «¿Qué es el Nuevo Testamento sino una predicación y proclamación pública de Cristo, expuesta a través de los dichos del Antiguo Testamento y cumplida por medio de Cristo?». AE 35:236.

la Torá en el suelo de Israel, de ella crecieron el tronco, las ramas y las hojas de todo, desde Josué hasta el Apocalipsis.

Un tema común en la literatura rabínica de los primeros siglos es que, cuando Dios le dio a Moisés la Torá, en ella estaban implícitas todas las palabras que más tarde expresarían los profetas y los sabios. *Éxodo Rabá*, por ejemplo, dice: «Los profetas recibieron del Sinaí los mensajes que habían de profetizar a las generaciones siguientes». Luego añade: «No solo los profetas recibieron su profecía del Sinaí, sino que también cada uno de los Sabios que surgieron en cada generación recibieron su [sabiduría] del Sinaí» (28:6). Todos los autores del Tanaj se sentaron a los pies del rabino Moisés.

De manera más bien inusual, Martín Lutero y los maestros judíos coinciden considerablemente en esto. Comentando el Salmo 90, Lutero escribe: «Moisés es la fuente de la que los santos profetas, y asimismo los apóstoles, inspirados por el Espíritu Santo, extrajeron la sabiduría divina»[3]. Luego dice que debemos conducir a la gente a esta fuente y mostrarles cómo «las semillas de la sabiduría divina» fueron plantadas en estos cinco libros. En otro lugar, afirma lo mismo: «No se ha añadido nada nuevo [en los escritos posteriores al Pentateuco], pues lo mismo que se encuentra en los libros de Moisés se encuentra también en los otros»[4]. Desafía a sus oponentes a «mostrarnos, en todos los libros fuera de los de Moisés, una palabra que no se encuentre ya en los libros de Moisés». Todos los escritos desde Josué en adelante, «aunque utilizan palabras y relatos diferentes, no hacen más que ilustrar cómo la palabra de Moisés ha sido o no guardada». Resumiendo, dice que «todo lo que hay en los demás libros se encuentra ya en los libros de Moisés, como en una fuente básica».

La evidencia confirma lo dicho por el reformador y los rabinos. Por ejemplo, la historia de Israel, desde Josué hasta 2 Reyes, está escrita a la luz de las enseñanzas enunciadas en la Torá, especialmente en Deuteronomio. Los salmos alaban a Dios por la ley y las promesas dadas en la Torá, relatan poéticamente la creación y el éxodo, y se extienden

---

3. AE 13:75.
4. AE 35:132.

sobre la fidelidad de Dios a Israel, documentada en la Torá. La literatura sapiencial, como los Proverbios, aplica y desarrolla la sabiduría divina entretejida con las leyes de la Torá y ejemplificada por líderes como Moisés y Josué. Todos los profetas fueron hijos espirituales de Moisés, el profeta alfa. Sus predicciones y prescripciones son un testimonio constante de la influencia que Moisés ejerció sobre ellos.

Esta misma centralidad de Moisés es válida también en el caso de los apóstoles. Estudia Romanos, Gálatas, las epístolas de Pedro, Hebreos, Santiago o Apocalipsis y pregúntate: «¿Por qué estos autores citan o aluden a la Torá con mucha más frecuencia que a las palabras de Jesús? ¿Es porque aún no se escribían los evangelios?». No, esa no puede ser la razón. Aunque Mateo, Marcos, Lucas y Juan aún no estuvieran escritos, las enseñanzas y los dichos de Jesús habrían circulado oralmente. Entonces, ¿por qué Moisés tiene más prensa apostólica que las propias palabras de Cristo? La razón es sencilla: el propio Jesús afirmó en repetidas ocasiones que, en Moisés y los profetas, ya se había escrito todo sobre él. Por lo tanto, lejos de ignorar las palabras de Jesús en sus escritos, los apóstoles las afirman con fuerza, pues al citar predominantemente el Tanaj, confiesan: «¿Saben qué? Jesús tiene razón. Estas Escrituras hablan de él».

Puede que estés pensando: «Vale, me doy cuenta. La Torá es el fundamento sobre el que descansa todo el edificio bíblico. Pero ¿qué tiene que ver esto con Cristo en el AT?». Veámoslo de esta manera: las obras de Shakespeare, los poemas de John Donne, las novelas de Thomas Hardy, las canciones de los Beatles y los discursos de Martin Luther King Jr. ¿Qué tienen en común? Pese a la diversidad de su contenido, estilo, género y contexto histórico, todos trabajaron con el mismo conjunto de herramientas: las veintiséis letras del alfabeto inglés. Las organizaron en una gran variedad de palabras, frases y oraciones, con belleza y destreza, pero no se desviaron de ese conjunto común de letras. Utilizando la misma analogía, podríamos decir que la Torá nos lega el alfabeto cristológico. Utilizando ese alfabeto, Josué describió al «capitán del ejército del Señor» (Jos 5:14), el historiador escribió sobre la simiente prometida a David (2S 7:11-16), el salmista cantó sobre el Hijo engendrado y Rey del Señor (2:7), Salomón representó a la Sabiduría acompañando a Dios en la creación (Pr 8:22-31), Isaías anunció el éxodo mesiánico (11:11-16), y los demás profetas anunciaron la venida y la obra del ungido del Señor.

Puesto que los evangelistas y los apóstoles eran alumnos de los profetas, y su catedrático fue el propio Moisés, al escribir sobre Cristo emplearon también este mismo alfabeto de la Torá. El ejemplo más evidente es el de Juan, que comienza su evangelio como si fuera un escriba que copia el Génesis: «En el principio...». En griego, las palabras son *en arjé*, las mismas con que la Septuaginta (es decir, la traducción del AT al griego) empieza Génesis 1:1. Juan está diciendo: «Mira, estoy a punto de decirte quién es Jesús. Y la mejor forma de hacerlo es remitirte al Génesis y al relato de la creación». Los demás evangelistas danzan la misma melodía. Mateo, por ejemplo, narra la historia de Jesús utilizando el patrón de la biografía de Moisés, el éxodo y otros acontecimientos de la Torá. Cuando Pablo escribe a los romanos y a los gálatas, es como si tuviera delante de él una copia del Génesis, porque vuelve, una y otra vez, a la vida y la fe de Abraham. Y colgado encima del Apocalipsis, el último libro del NT, hay un letrero de neón en el cual parpadean, una y otra vez, las mismas palabras de colores: «A la Torá... a la Torá... a la Torá». El Cristo de Apocalipsis simplemente no puede entenderse separado de Génesis a Deuteronomio. Cualquier biblia de estudio que tenga referencias cruzadas revelará que Juan difícilmente escribe un solo versículo sin mojar su pluma en la tinta de la Torá.

Por esta razón, en los capítulos que siguen, acercaremos una silla, nos sentaremos en el pórtico alrededor del viejo Moisés, y escucharemos con embelesada atención cómo narra el surgimiento de la creación, la caída de la humanidad, el diluvio, Abraham, Israel, el éxodo, el tabernáculo y más. «De mí escribió [Moisés]», dijo Jesús (Jn 5:46). Abre nuestros ojos, Señor, para verlo (Sal 119:18).

Intertextualidad: agrios, impasibles y aguafiestas

Más atrás me referí a la Biblia como una red de interconexiones en múltiples capas que van construyendo la gran historia de las Escrituras. Como ese es el mapa principal que usaremos para explorar las colinas y los valles de la Biblia, lo extenderemos sobre la mesa para que todos podamos echarle un buen vistazo. Y, mientras estamos en eso, afloja tu corbata, quítate los zapatos y sírvete una bebida de tu elección. Tienes que estar relajado, e idealmente, de ánimo para un pequeño juego sagrado. Pareciera que, en algún momento, en la cultura del estudio bíblico se colaron temperamentos agrios, impasibles y aguafiestas.

Escuchen, amigos: las Escrituras son un patio de recreo textual para el deleite sagrado, no una vieja y polvorienta biblioteca llena de austeridad y caras largas. Hay humor. Si Jonás no te hace reír, tómate el pulso —en serio—. Hay romance: ¿has leído el Cantar de los Cantares? Hay un montón de drama familiar: Abram, para salvar su cuello, hace pasar a Sara por su hermana (¡dos veces!), las esposas de Jacob se pelean por tenerlo esa noche entre las sábanas, y el caos familiar de David es digno de un *reality show*. Y, sobre todo, hay juegos de palabras, ingeniosas alusiones a relatos anteriores y el hábil estilo de narración que ha fascinado a los oyentes por milenios. La Biblia te hará llorar, quedar sin aliento, gruñir, lamentarte, hacer muecas y reír. En todo el mundo, no hay un libro más emocionante. Estudiarlo también debería serlo.

Volvamos al mapa. Este representa las Escrituras como una «red de interconexiones en múltiples capas». ¿Qué significa esto? En la era de Internet tenemos una metáfora muy útil para entenderlo. Supongamos que estás en línea leyendo un artículo que hace referencia a otro artículo sobre el mismo tema. El autor insertará un hipervínculo para que puedas hacer clic e ir inmediatamente a ese artículo, ¿verdad? Lo más probable es que ese segundo artículo también tenga hipervínculos, y así sucesivamente, hasta que el ordenador o el teléfono tenga un centenar de pestañas abiertas, todas ellas interconectadas de un modo u otro.

Con las Escrituras sucede lo mismo, aunque en un grado aun mayor. Si la Biblia tuviera hipervínculos, sería difícil encontrar un solo versículo que no tuviera varias palabras hipervinculadas a otras, en otros versículos, en otros libros, en ambos testamentos. De hecho, el *software* bíblico que utilizo para mi investigación (Logos) hace esto. Puedo pasar el cursor sobre una palabra o un versículo, y ¡listo! Veo una concordancia, un diccionario, una referencia cruzada, y otras cosas. Las Escrituras son como un libro con hipervínculos; a eso me refiero cuando hablo de una red de interconexiones en varias capas. Leer cualquier parte de la Biblia sin tener constantemente en cuenta sus profundos y significativos vínculos con otras partes tiene tanto sentido como intentar comprender un elefante centrándose solo en la punta de su cola o examinando su fosa nasal izquierda. Se necesita la bestia entera, tal como se necesita el libro completo.

Y es aquí donde empieza la diversión; la diversión llamada intertextualidad. En su sentido elemental, la intertextualidad es la interacción entre dos o más textos. Esto puede ocurrir de muchas maneras. Los autores pueden citar un texto para aclarar, ampliar o justificar una afirmación. En este caso, podemos pensar en las citas del AT que se encuentran en los evangelios. O los autores pueden sencillamente aludir a otro texto, quizás tomando prestada una frase o una metáfora, sin tocarnos el hombro a los lectores para decirnos lo que pretenden. Simplemente esperan que lo veamos y exclamemos: «¡Ajá! Ya veo lo que están haciendo». En los próximos capítulos veremos una serie de casos en los que, por ejemplo, los profetas o los salmistas aluden al Génesis o al Éxodo. En otras ocasiones, la intertextualidad implica un patrón literario: el patrón narrativo de un texto (como el cruce del mar Rojo) se utiliza como patrón para la propia historia del autor (Jesús camina sobre el mar de Galilea). Y, en ocasiones, la intertextualidad realmente sacude las cosas haciendo una inversión, volteando un texto para que signifique exactamente lo contrario. Piensa en la frase de Joel «Forjen espadas de sus rejas de arado» (3:10) y en la de Isaías «Forjarán sus espadas en rejas de arado» (2:4). Son polos opuestos, sin duda.

Supongo que se podría decir que la intertextualidad es una ciencia literaria, pero para mí es más bien una forma de arte. Por lo tanto, detectarla, explicarla y explorar las implicaciones de las conexiones entre dos textos requiere imaginación, experiencia y —ya que estamos tratando con el texto bíblico— la sabiduría del Espíritu para guiarnos a una exposición fiel a las Escrituras. No obstante, ¡es también una empresa alegre y estimulante! Se parece mucho más a la exploración de un vasto parque, atravesado por senderos serpenteantes y entrecruzados, que a la descripción de las reglas del álgebra.

Tal vez, en este punto, en lugar de seguir intentando explicar la intertextualidad, debamos poner un ejemplo. Destaquemos solo algunos de los meandros y entrecruzamientos del parque llamado «La transfiguración de nuestro Señor». En primer lugar, observemos el cuándo y el dónde. En la versión de Mateo (17:1-8), el indicador de tiempo («Seis días después») es un eco de los seis días que Moisés pasó en el Sinaí antes de que Dios le hablara —nada menos que desde una nube (Éx 24:16)—. El «monte alto» (Mt 17:1) al que Jesús fue con sus tres discípulos sigue el modelo de los montes Sinaí, Moriah, Hor, Nebo y otras cumbres relacionadas con Dios en el pasado de Israel. También se alude a Isaías 40:9, donde, desde un monte alto, se le dice a Israel: «Aquí está su Dios». Por lo tanto, el tiempo y la ubicación ya hacen que nos movamos entre el AT y el NT para observar las conexiones textuales, narrativas y teológicas.

Estas conexiones no hacen más que aumentar a medida que avanza el relato. En la transfiguración misma, el rostro resplandeciente del Mesías reproduce la ocasión en que el rostro de Moisés resplandeció y debió ser velado (Éx 34:29). También nos recuerda el aspecto radiante del Hijo del Hombre entronizado en la visión de Ezequiel (1:26-28). Cuando aparecen Elías y Moisés, no solo encarnan toda la Torá y la tradición profética, sino que hablan con Jesús de su inminente «éxodo» (Lc 9:31 NVI, nota al pie), una palabra del AT llena de significado.

A continuación, a Pedro se le ocurre la brillante idea de levantar tres tabernáculos; uno para Moisés, otro para Elías y otro para Jesús. Lucas nos dice que Pedro no sabía realmente lo que decía (9:33), pero sus palabras nos recuerdan no solo el tabernáculo, sino también la fiesta otoñal de Sukkot. En ella, las familias vivían en refugios temporales («tabernáculos») alrededor de Jerusalén para conmemorar los cuarenta años que, junto a Moisés, sus antepasados habían pasado en el desierto, viviendo en carpas. Estando Pedro aún parloteando, una nube cubre al grupo. La misma nube envolvió también a personas en muchas historias bíblicas. Dios aparece vestido de punta en blanco, con traje de cúmulo y sandalias de estrato. Su breve discurso desde la nube, «Este es Mi Hijo amado en quien Yo estoy complacido; óiganlo a Él» (Mt 17:5), es una mezcla divina de frases de Salmo 2:7 («Mi Hijo»), Génesis 22:2 («hijo a quien amas»), Isaías 42:1 («en quien Mi alma se complace») y Deuteronomio 18:15 («a él oirán»). Más tarde, los rabinos se referirían a esta unión de diferentes partes de la Escritura como «ensartar perlas»[5]. En una sola y breve frase, Dios ensarta perlas de otros *cuatro* versículos. ¡Eso sí que es intertextualidad!

Podríamos pasar todo el día recorriendo estos senderos del Parque de la Transfiguración, explorando cada metro cuadrado de las múltiples capas de la red de conexiones entre el AT y el NT, pero por ahora esto tendrá que bastar como ejemplo de lo que ocurre en la intertextualidad. Presta mucha atención a la manera en que funciona. ¿Qué sucede? Para empezar, el lenguaje se extrae de la Torá y de los profetas, se reorganiza y se reutiliza para mostrar de qué manera Jesús es el Hijo de Dios, el Siervo del Señor, el Nuevo Isaac y el Profeta como Moisés. Otros textos, como la referencia a los «seis días», unen los puntos para conectar la teofanía en el Sinaí con la cristofanía en esta montaña. Tal como un muro de íconos, otras características de la Transfiguración pintan ante nuestros ojos diversos elementos de la historia de la salvación, como montañas, profetas, nubes y tabernáculos. Cada cita, alusión o patrón funciona de manera ligeramente diferente y matizada. Esta forma de hablar sobre el Mesías no tiene nada de monocromático. Está salpicada de color. Esto no solo hace que su lectura sea más interesante —lo cual en sí mismo es satisfactorio—, sino que nos invita a leer con más pausa y profundidad, a captar los distintos matices y tonos de color, y a preguntarnos de dónde provienen. ¿Es el bermellón de Isaías o el burdeos del Éxodo? ¿O son los dos, mezclados por Mateo para obtener un nuevo y distintivo tono de rojo?

El tipo de arte textual en el que participan los evangelistas —no solo en el relato de la transfiguración, sino en todos los evangelios— no es una innovación del NT. Lo aprendieron siguiendo el modelo de Isaías, Jeremías y David, quienes lo aprendieron de sus predecesores literarios,

---

5. Para un útil análisis de esta práctica, acompañado de ejemplos, véase Ann Spangler y Lois Tverberg, *Sitting at the Feet of Rabbi Jesus: How the Jewishness of Jesus Can Transform Your Faith* (Grand Rapids, MI: Zondervan, 2009), 40-54.

todos ellos educados por Moisés. Todos los caminos conducen a la Torá. Lo que veremos en los próximos capítulos, especialmente en los profetas, es que pintaron el futuro con los colores del pasado. ¿Cómo serán los días del Mesías? Como un mundo en una nueva génesis. ¿Cómo logrará la redención? Llevando el mundo a un nuevo éxodo. ¿A quién se parecerá? A Adán, Noé, Melquisedec, Aarón, Moisés, Josué, Gedeón, David, Zorobabel. ¿Cómo podemos imaginar su obra salvadora? Como los sacrificios en el tabernáculo, las acciones salvadoras de los jueces, la mediación de los sacerdotes. Una generación tras otra se basará en la obra de las anteriores, haciendo propias sus historias y repitiendo sus metáforas, para escribir la precuela de los evangelios denominada Tanaj.

Monty Python y la metalepsis

Hasta ahora, tú y yo solo hemos permanecido en la entrada de este libro. Te he estado explicando la arquitectura de la casa y un poco de su historia. Dentro de poco giraremos el pomo y entraremos en la habitación llamada «Capítulo 2». Sin embargo, antes de hacerlo, hay un tema más que debemos introducir.

Para facilitar esta discusión, déjame contarte una historia.

Mi esposa Stacy y yo fuimos juntos a la escuela secundaria en un pequeño pueblo de Texas llamado Shamrock. Más tarde, empezamos a salir y nos casamos. Al momento de escribir esto, llevamos siete maravillosos años juntos. Antes de casarnos, ya sabíamos que éramos muy compatibles; nuestro tiempo juntos no ha hecho más que confirmar esa verdad. Nuestras preferencias y puntos de vista coinciden en casi todos los aspectos de la vida. Sin embargo, hay una notable excepción. Un día, durante una conversación, al principio de nuestra relación, solté una cita cualquiera de una escena de una de las películas más divertidas de la historia (según yo). Al ver la mirada inexpresiva de Stacy, le dije: «Oh, tú sabes, lo que dice el Caballero Negro». Nada. «Ya sabes, en "Los caballeros de la mesa cuadrada", de Monty Python». Respondió: «¿Monty qué?». ¡No podía creerlo! La película que yo había visto decenas de veces, y que ya me sabía un poco de memoria, mi mujer no la había visto, ni siquiera una vez.

Decidido a corregir este déficit en su experiencia cinematográfica, hice planes para que aquella noche viéramos juntos este clásico de la comedia británica. Sin embargo, antes de haber llegado siquiera a la mitad de la película me di cuenta de que teníamos un problema: los Monty Python no eran el tipo de humor de Stacy. En absoluto. Le bastó con verla una sola vez. Por tanto, mi mujer no memorizaría líneas del guión imaginando las escenas en que se decían, ni detectaría los chistes internos cuando viera la película por décima o vigésima vez. Así que, si yo me hiciera un corte que requiriera puntos de sutura y le dijera: «No es más que un arañazo», ella entendería las palabras naturalmente, pero sin comprender lo que significan de verdad. O si estuviéramos hablando de política y yo me refiriera a «una mujer extraña que vive en una charca y reparte espadas», ella conocería el significado de cada palabra, pero al mismo tiempo no sabría lo que quieren decir. ¿Por qué? Porque ambas son citas de la película, evidentemente. Su significado e importancia están casi totalmente ligados al contexto del que provienen. Para «entender», hay que ser fan de la película. *Así que hay una diferencia profunda entre (a) saber lo que las palabras significan y (b) entenderlas como frases de una película concreta, en una escena específica, y dichas por un determinado personaje.* El peso de las palabras citadas solo se percibe cuando se entiende su origen, escenario, contexto y connotación.

Si esto es cierto en el caso de las películas, lo es de manera profunda en el caso de la Biblia. Soy incapaz de enfatizarlo lo suficiente. Difícilmente aprenderemos una lección más impactante y útil para interpretar las Escrituras. Si cito o aludo a una frase de los Monty Python y mi esposa no entiende el chiste, solo habrá una risa menos. Pero si Josué cita Deuteronomio, David alude al Éxodo, Ezequiel recurre a una frase del Génesis, o Jesús toma prestada una línea de Miqueas y no la «entendemos», lo que faltará no será una risa, sino una parte de una importante verdad. De hecho, es muy probable que, cuando no nos demos cuenta de que un profeta o apóstol está tomando prestado material de la «película bíblica», en el mejor de los casos subinterpretemos la enseñanza, o en el peor, la malinterpretemos por completo.

Esta acción de tomar prestado otro material bíblico por medio de una cita, un eco o una alusión se denomina a veces metalepsis. Richard

B. Hays, uno de los principales estudiosos de la intertextualidad bíblica, define el término de la siguiente manera: «La metalepsis es una técnica literaria que consiste en citar o repetir un pequeño fragmento de un texto precursor en forma tal que el lector solamente puede captar lo que el eco significa recordando o recuperando el contexto original del eco fragmentario y luego leyendo los dos textos en yuxtaposición dialógica»[6]. Para citar un ejemplo fácil, cuando se le dice a Josué: «Quítate las sandalias de tus pies, porque el lugar donde estás es santo» (Jos 5:15), se espera que captemos el hecho de que en el fondo se encuentra Éxodo 3:5. Eso es lo que Hays llama el «texto precursor». Cuando recordamos que el contexto original fue el llamamiento de Moisés, la zarza ardiente y el «ángel [mensajero] del Señor» (Éx 3:2), leemos Josué 5 y Éxodo 3 «en yuxtaposición dialógica». Es decir, ponemos nuestro ojo y nuestro oído izquierdos en Éxodo, nuestro ojo y nuestro oído derechos en Josué, y de esa manera vemos y oímos la plenitud de lo que se comunica. Volveremos a estos dos textos en el próximo capítulo.

Veamos también un ejemplo de metalepsis en el NT. En Mateo 10:34-39, Jesús dice que no vino a traer paz, sino espada. Luego dice que pondrá a los hijos contra los padres, a las hijas contra las madres, etc., y a continuación añade: «… los enemigos del hombre serán los de su misma casa». A primera vista, pareciera que Jesús está intencionalmente destrozando familias, lo cual, tratándose de un Salvador, resulta bastante extraño. Sin embargo, debemos retroceder y releer más despacio, poniendo nuestros «oídos de metalepsis» en sintonía con una frecuencia del AT. Jesús está citando o aludiendo a Miqueas 7:6 como «texto precursor», pero sin darnos la más mínima indicación. No dice «como dicen las Escrituras», o «como profetizó Miqueas». Simplemente se espera que lo sepamos. Como lectores, ese es nuestro trabajo. Miqueas escribió: «Porque el hijo trata con desdén al padre, la hija se levanta contra la madre, y la nuera contra su suegra; los enemigos del hombre son los de su propia casa» (7:6). El contexto también es vital. Este versículo se enmarca en un lamento más largo de Miqueas sobre su incapacidad de encontrar siquiera una persona buena y justa. Al colocar Mateo 10 y

---

6. Richard B. Hays, *Echoes of Scripture in the Gospels* (Waco, TX: Baylor University Press, 2016), 10.

Miqueas 7 «en yuxtaposición dialógica», inspeccionando todo el contexto de ambos y escuchando cómo dialogan entre sí, entendemos lo siguiente: tal como el profeta descubrió que no había nadie en quien confiar, nadie a quien seguir, sino solo el Señor, Jesús nos está diciendo que no hay nadie en quien podamos poner nuestra confianza excepto él. Por tanto, debemos tomar nuestra cruz y seguirlo solo a él hasta la muerte y la vida nueva. A través de la metalepsis, Miqueas abre una nueva forma de entender las palabras del Mesías. No obstante, si no supiéramos que Jesús está citando la «película» de Miqueas, no «entenderíamos».

En el resto del libro veremos ilustraciones sucesivas de la metalepsis, pues es la forma favorita que la Biblia tiene de entrelazar la Torá con la historia, los salmos con los profetas, los proverbios con la apocalíptica, o los evangelios con las genealogías, todo para formar el enorme y hermoso tapiz de la Biblia, cuyo centro es Cristo mismo. Si esta técnica literaria nos dice algo, es que leer el NT separado del AT es como tratar de entender *Crimen y castigo* leyendo rápidamente el último capítulo de la novela, o como intentar comprender la trama de *El señor de los anillos* viendo solo los últimos quince minutos de *El retorno del rey*. No se puede. De hecho, es imprudente e insensato intentarlo.

En cambio, para conocer al Mesías, empezamos por el principio. Vemos la «película de la Biblia» una y otra vez, memorizando sus líneas, descubriendo a los personajes, viendo cómo se desarrolla la trama, explorando sus giros y vuelcos, y lidiando con los diversos géneros. Cuando lleguemos al final y recomencemos, veremos cosas que la primera vez pasamos por alto. Tendremos momentos de percepción. Iremos para delante y para atrás, comparando texto con texto y escena con escena, para hacer conexiones más profundas. Y, a medida que lo hagamos, el fuego de Emaús comenzará a arder con más fuerza y calor en nuestros corazones.

Terminemos este capítulo y comencemos nuestro viaje por el resto del libro con una de mis oraciones favoritas. Es una oración del siglo XVI, escrita por el arzobispo Thomas Cranmer: «Bendito Señor, que has hecho que todas las Sagradas Escrituras se escriban para nuestro aprendizaje: concédenos oírlas, leerlas, destacarlas, aprenderlas y digerirlas interiormente, para que, por la paciencia y el consuelo de tu santa Palabra, podamos abrazar y conservar siempre la bendita esperanza de la vida eterna, que nos has dado en nuestro Salvador Jesucristo. Amén».

PREGUNTAS PARA DISCUSIÓN

1. ¿En qué sentido y por qué el AT se diferencia de las fábulas de Esopo? ¿Por qué crees que este enfoque moralista de la interpretación de las Escrituras es tan popular? ¿Por qué, además, es peligroso?

2. ¿Qué dicen Jesús y sus discípulos sobre la centralidad de Cristo en el AT? ¿Cuál es el mensaje general de estos versículos: Lucas 24:27; 24:44; Juan 1:45; 5:39, 46-47; Hechos 3:18, 24; 10:43; 2 Corintios 1:20?

3. ¿En qué sentido el AT es «el pesebre en el que yace Cristo»? ¿De qué manera esto sirve como una metáfora general de las Escrituras del antiguo pacto?

4. ¿Qué es el Tanaj? ¿Qué implica el hecho de que, para los primeros seguidores de Jesús, su Biblia tenía veintisiete libros menos que la nuestra? ¿Cómo cambia esto nuestra lectura del NT y del AT?

5. ¿Qué dijeron los primeros rabinos sobre la importancia fundacional de la Torá? ¿Cómo debería influir esto en nuestro estudio de Génesis a Deuteronomio? Discute cómo esto podría reflejarse mejor en la predicación, la enseñanza y la vida de adoración de la Iglesia.

6. Las Escrituras son una red de interconexiones en múltiples capas, como un libro lleno de hipervínculos. ¿Qué significa esto, y cómo enriquece nuestra comprensión de la unidad del mensaje bíblico, así como de su diversidad?

7. Explica qué es la intertextualidad y enumera algunas de las formas en que las Escrituras la utilizan.

8. Discute las múltiples conexiones entre la transfiguración de Jesús y las narraciones y profecías del AT. ¿De qué manera estos vínculos entre el AT y el NT arrojan luz sobre el significado de este acontecimiento?

9. Habla de las similitudes entre ver películas favoritas y leer la Biblia. ¿Cómo ilustra esto la diferencia entre saber lo que significan las palabras y conocer esas mismas palabras en un contexto específico?

10. Define metalepsis. Discute los ejemplos de Josué 5:15 (Éx 3:5) y Mateo 10:34-39 (Mi 7:6).

Capítulo 2

Cristofanías:
Caminar hasta Belén de espaldas

Se llamaban Andy, Bandy y Hobo. Mis tres perros de caza. Los dos primeros eran de la misma camada, hermanos Beagle, mientras que el tercero era un perro extraviado blanco, de tres patas, que yo había adoptado. Durante mi adolescencia, cuando las noches se hacían largas y frías, al atardecer soltaba a los perros junto al arroyo cercano a mi casa en el campo, en Texas. Con la nariz pegada al suelo, partían tras el olor de un mapache —o, para mi mala suerte, de un zorrillo—. Yo iba detrás, vadeando arroyos o cruzando alambradas, con un rifle Winchester modelo 62 en una mano y una linterna en la otra, siguiendo el sonido de sus ladridos a dondequiera que me llevaran. Conocía bastante bien este campo, pues había cazado allí desde que tenía once años. Sin embargo, había noches en las que nos quedábamos afuera por horas, los perros perseguían algo en territorios desconocidos y yo me desorientaba tanto que no tenía la menor idea de cómo volver a casa.

Eso fue mucho antes de los teléfonos móviles o el GPS, así que recurría al método que todos, desde los mercaderes hasta los marineros, han utilizado desde tiempos inmemoriales: miraba el cielo. Todo lo que necesitaba era encontrar Polaris, la llamada Estrella del Norte. Y para localizarla —no siempre es fácil, pues es una estrella bastante tenue—, mis ojos buscaban la brillante Osa Mayor, y luego dejaba que las dos estrellas de su parte inferior me indicaran la dirección de Polaris. Una vez encontrado el norte, todo lo demás se ordenaba. Podía situarme frente a la dirección en la cual quería ir e iniciar el largo camino de vuelta a casa.

Todo lo que necesitaba era un poco de orientación.

Orientación. Es vital, por supuesto, cada vez que se toma un largo camino para llegar a casa. «Orientar» y «orientación» derivan de la palabra latina «*oriens*», que significa «salida del sol» o «este». De modo que, literalmente, «orientarse» es mirar hacia el este, hacia la salida del sol. Para los israelitas, era muy similar. Su palabra hebrea para «este», *quédem*, también significa «delante». Por lo tanto, para orientarte al estilo hebreo, debes mirar *quédem* —hacia delante o hacia el este—.

Sin embargo, aquí es donde las cosas se vuelven muy instructivas: *quédem* no solo significa «este» y «delante», sino también «pasado» o «antaño». Esto tiene mucho sentido cuando reflexionamos un poco sobre ello. El pasado es lo que ya hemos vivido, lo que ya hemos visto, ¿no? Así que el pasado no está detrás de nosotros, sino delante. No está oculto, sino *quédem* —delante de nuestros ojos—. ¿Y el futuro? Los hebreos también lo tenían claro. Sus palabras para «futuro», *akjarit* y *akjarón*, significan también «detrás» o «en la parte de atrás». Tal como no podemos ver lo que está detrás de nosotros, tampoco podemos ver el futuro. Está oculto para nosotros, a nuestras espaldas, *akjarit* y *akjarón*. Por eso, en la forma de pensar hebrea, caminamos hacia el futuro de espaldas, con la mirada puesta en «lo que ha sido» a fin de conocer «lo que será». El pasado es nuestra forma de ver el futuro.

En este capítulo daremos un paseo, un paseo largo, hasta un hogar en Belén. Y caminaremos de espaldas, comenzando desde el Edén. Cuanto más avancemos, más veremos los signos reveladores de la inminente encarnación de Dios. Nos encontraremos con un Señor que luce encantado de pasar tiempo con la humanidad. Camina, habla, come, discute y vive con la gente. Es una deidad grande y poderosa, sin duda, pero también, con bastante frecuencia, adopta una forma humana o angélica para poder charlar con la gente cara a cara. A veces luce tan increíblemente humano que la gente cree estar conversando, no con el Creador del cielo y de la tierra, sino con un hombre cualquiera. Una vez que hayamos llegado a Belén de espaldas, que nuestras piernas hayan chocado contra el pesebre y que hayamos contemplado el rostro humano del Hijo divino, diremos: «Ah, sí, esto no es una sorpresa. Dios dejó muy claro que un día llegaría hasta el final y daría el paso humano».

Podríamos atrevernos a decir que en el Edén tintinearon las primeras campanas de Navidad.

Pintar y repintar la imagen

Una persona que cree que la Escritura es *theopneustos* («inspirada por Dios», 2Ti 3:16) lee cada libro de la Biblia como un producto de doble autoría. Moisés respiró sobre los pergaminos que escribió, pero el Espíritu también vació sus pulmones sobre ellos. Cada composición es exhalada tanto por el hombre como por Dios. Esto crea una unidad subyacente, divinamente orquestada, en las Escrituras, pues aunque en su composición participaron muchos autores humanos, detrás de todos ellos estuvo el único Espíritu. En la práctica, esto significa que leer Génesis a la luz de Colosenses, o Daniel a la luz de Apocalipsis, no es violar un tabú cronológico, sino abrazar plenamente la inspiración de las Escrituras. Por supuesto, miramos cada obra en su propio contexto histórico, cultural y lingüístico, pero no dejamos de lado su contexto canónico. En otras palabras, Génesis no se localiza solamente en el antiguo Cercano Oriente, sino también entre la portada y la contraportada de una biblia.

Con esto en mente, tomemos un puñado de epístolas de Pablo, busquemos un árbol con buena sombra en el huerto del Edén y leámoslas mientras observamos a Dios poner en marcha la antropología. ¿Qué dice el Señor cuando se dispone a crear a Adán de la tierra y a Eva del hueso? «Hagamos al hombre a Nuestra imagen, conforme a Nuestra semejanza» (Gn 1:26). Y luego: «Dios creó al hombre a imagen Suya, a imagen de Dios lo creó; varón y hembra los creó» (1:27). Con estas palabras resonando en nuestros oídos, veamos lo que dice Pablo sobre la imagen de Dios. Escribiendo a la Iglesia de Corinto, dice que Cristo «es la imagen de Dios» (2Co 4:4). Escribiendo a Colosas, prácticamente se repite, diciendo: «[Cristo] es la imagen del Dios invisible», pero luego añade que es «el primogénito de toda creación. Porque en Él fueron creadas todas las cosas, tanto en los cielos como en la tierra, visibles e invisibles; ya sean tronos o dominios o poderes o autoridades; todo ha sido creado por medio de Él y para Él. Y Él es antes de todas las cosas, y en Él todas las cosas permanecen» (Col 1:15-17). Obviamente, Pablo espera que leamos estas exquisitas palabras con ojos hebreos. Al fin y al cabo, está exponiendo la creación. Salpica toda la sección con citas y alusiones al Génesis. Así que, seguramente, también espera que nos preguntemos: «¿Cuál es la conexión entre Jesús como "imagen del Dios invisible" y Adán y Eva creados a "imagen [de Dios], conforme a [su] semejanza"? ¿Qué tiene que ver una imagen con la otra? ¿Son iguales? ¿Son diferentes?».

Sería difícil encontrar a alguien que respondiera mejor a estas preguntas que Atanasio, uno de los padres de la Iglesia. En su célebre obra del siglo IV, *Sobre la encarnación de la Palabra*, dice que, puesto que Dios deseaba que la humanidad lo conociera, «los hace partícipes de su propia imagen, nuestro Señor Jesucristo, y los hace a su propia imagen y semejanza»[1]. Cuando la humanidad se rebeló contra Dios, ¿cómo podía recuperarla, renovarla a imagen de él? «Mediante la presencia de la Imagen misma de Dios, nuestro Señor Jesucristo»[2]. La Imagen restauraría la imagen. «Por ello la Palabra de Dios vino en su propia persona, a fin de que, siendo Él la Imagen del Padre, pudiera crear nuevamente al hombre conforme a su imagen». Atanasio ilustra su punto de la siguiente manera: dice que es como una pintura manchada y descolorida que necesita un retoque profundo. ¿Qué hace el artista? ¿Empezar de cero? No, llama al hombre original cuya imagen está en el lienzo, y lo hace sentarse de nuevo para volver a pintar su retrato en el lienzo existente. Ese hombre es el Hijo del Padre, y nosotros somos el lienzo manchado y descolorido. El Padre, mirando a su imagen —el Hijo—, nos vuelve a pintar a la imagen de Cristo, para que lo reflejemos y conozcamos de nuevo.

Por tanto, mientras estamos bajo nuestro árbol, en el Edén, y vemos al Creador moldear a Adán y Eva a su imagen y semejanza, ¿qué estamos

---

1. Nicene and Post-Nicene Fathers, 2nd ser., vol. 4, ed., Philip Schaff y Henry Wace (Peabody, MA: Hendrickson, 1994), §11.
2. *Ibid.*, §13.

viendo, exactamente? Estamos viendo cómo el Padre hace a la humanidad a la imagen de su Hijo. Él *es* la imagen, y nosotros hemos sido hechos *de acuerdo a* ella. ¿Qué dijo Pablo? «... en Él fueron creadas todas las cosas» (Col 1:16). Lo mismo dice Juan, en el prólogo de su evangelio: «Todas las cosas fueron hechas por medio de Él, y sin Él nada de lo que ha sido hecho, fue hecho» (1:3). Por tanto, su creación de nosotros es al mismo tiempo una revelación de él, pues ciertamente una imagen revela algo de aquello que refleja. Allí están, Adán y Eva. Dos seres humanos que reflejan la Palabra del Padre, en la cual y por la cual fueron creados. ¿Habría de sorprendernos, entonces, que, al leer el resto de las Escrituras, se represente a Dios en forma humana: con rostro, manos, pies, boca, oídos, corazón, etc.? Solemos llamar a esto «antropomorfismos», es decir, la atribución de características humanas a Dios, pero quizás deberíamos verlos como recordatorios continuos de aquel cuya imagen llevamos.

El punto principal es este: *la creación de la humanidad es una profecía de la encarnación.* Mientras forma a Adán y Eva, aquel que se convertirá en hombre nos mira, sonríe y hace un guiño que da a entender: «Llegará el día en que me convertiré en uno de ustedes»[3]. Por lo tanto, ya en el primer capítulo de las Escrituras, cuando empezamos a caminar de espaldas hacia Belén, el pasado está cargado de futuro. Habrá otro Adán. Habrá una nueva génesis. Apenas hemos recorrido veintiséis versículos de la Biblia y ya comienza a sentirse mucho ambiente navideño.

Pensando en esto, estudiemos ahora las diversas formas en las que, después de crear a la humanidad, Cristo siguió presente con ella, haciendo cosas similares a las de los humanos, y apareciendo en formas semejantes a las humanas, a la vez que actuaba y hablaba con plena autoridad divina.

Un breve despotrique sobre traducción

No obstante, permíteme comenzar subiéndome a una tribuna improvisada para despotricar un poco. Necesito corregir dos (malas) traducciones populares de palabras hebreas.

---

3. En sus clases sobre el Génesis, Lutero se hace eco de esta interpretación: «Moisés quería tenuemente insinuar que Dios iba a encarnarse». La creación de la humanidad a imagen de Dios es una «tenue insinuación» de que «Dios iba a revelarse al mundo en el hombre Cristo». AE 1:87.

La primera de ellas es Torá, que, casi sin excepción, se traduce como «ley». Torá significa ley en la misma medida en que neumático significa automóvil o globo ocular significa ser humano. Es decir, sí, un aspecto de la Torá significa ley, tal como un aspecto de un automóvil es un neumático y un aspecto de un humano es un globo ocular. No obstante, tal como no reducimos los automóviles a sus neumáticos o las personas a sus ojos, no reduzcamos la Torá a la ley. Su significado básico es «instrucción, enseñanza». Obviamente, no toda enseñanza o instrucción es una ley o regla. La Torá está también llena de promesas, amor fiel y esperanza. Por lo tanto, cuando veas la palabra «ley» en el AT, por favor tradúcela de inmediato en tu mente como «enseñanza». Problema resuelto.

La palabra que nos concierne más directamente en la discusión que sigue es la segunda: la traducción de *malak* como «ángel», aunque su significado básico es «mensajero». Traducir la palabra hebrea *malak* como «ángel» es comparable a traducir la palabra inglesa *lady* como «madre». Estamos ante una confusión de categorías. En cierto sentido, todos los ángeles son mensajeros, pero no todos los mensajeros son ángeles. Del mismo modo, toda madre es una *lady*, pero no toda *lady* es una madre. Un *malak* puede ser un mensajero humano común y corriente, un mensajero profético o un mensajero sacerdotal. También puede ser un mensajero angélico. Y un *malak* muy especial, el mensajero de Yahvé, es la Palabra del Padre; su mano derecha, que comparte su nombre, gloria y poder. Cuando nuestras biblias traducen *malak Yahvé* como «el ángel del SEÑOR» en vez de «el mensajero del SEÑOR», perjudican gravemente al lector inclinándolo automáticamente a no ver la identidad divina de este *malak*. Por lo tanto, tal como te sugerí que, en tu mente, traduzcas de inmediato Torá como «enseñanza», haz lo mismo cambiando «ángel» por «mensajero». Ahora, habiendo quitado del camino esta cuestión lingüística, puedo bajarme de mi tribuna, y podemos salir.

El mensajero del Señor

Los relatos sobre el mensajero de Yahvé son simplemente demasiados como para poder analizarlos todos, así que nuestro enfoque será una especie de «grandes éxitos»[4]. Cada ejemplo aportará detalles adicionales

---

4. Para un análisis completo de este tema, véase Charles Gieschen, *Angelomorphic Christology: Antecedents and Early Evidence*, Arbeiten zur Geschichte des antiken Judentums und des Urchristentums 42 (Leiden: Brill, 1998).

sobre su identidad, papel, autoridad, nombre, etc. Como veremos, este mensajero tiende constantemente un puente entre el cielo y la tierra; entre lo trascendente y lo inmanente. Habla en nombre de Dios, pero también en calidad de Dios. Se lo distingue de Yahvé, pero también se lo llama Yahvé. A veces los estudiosos se refieren a este fenómeno como «monoteísmo complejo». Para los cristianos, es simplemente la forma en que el AT describe la relación entre el Padre y su Hijo como «Dios de Dios, Luz de Luz, Dios verdadero de Dios verdadero» (credo de Nicea).

Comencemos en Éxodo 3-4 con el relato de la zarza ardiente, la aparición más conocida de Cristo como el mensajero del Señor. Nos concentraremos en 3:1-6. Observa las palabras clave en cursiva:

Moisés apacentaba el rebaño de Jetro su suegro, sacerdote de Madián; condujo el rebaño hacia el lado occidental del desierto y llegó a Horeb, el monte de Dios. Y *el ángel [«mensajero»] del* Señor se le apareció en una llama de fuego, en medio de una zarza. Al fijarse Moisés, vio que la zarza ardía en fuego, pero la zarza no se consumía. Entonces Moisés dijo: «Me acercaré ahora para ver esta maravilla, por qué la zarza no se quema». Cuando *el* Señor vio que Moisés se acercaba para mirar, *Dios* lo llamó de en medio de la zarza, y dijo: «¡Moisés, Moisés!». Y él respondió: «Aquí estoy». Entonces Dios le dijo: «No te acerques aquí. Quítate las sandalias de los pies, porque el lugar donde estás parado es tierra santa». Y añadió: *«Yo soy el Dios de tu padre, el Dios de Abraham, el Dios de Isaac y el Dios de Jacob»*. Entonces Moisés se cubrió el rostro, porque tenía temor de mirar a *Dios*.

Tal como llamó personalmente a sus apóstoles en los evangelios, en muchas ocasiones el Hijo de Dios se presentó personalmente para llamar a sus portavoces en la Torá y los Profetas. A Moisés se le apareció como el mensajero de Yahvé, a Isaías como Yahvé en su templo (6:1-13; *cf.* Jn 12:41), a Jeremías como la Palabra de Yahvé (1:4-10) y a Ezequiel como la Gloria del Señor en forma humana (1:1-28, especialmente vv. 26-28). En cada escenario, él es la deidad visible y audible. Y en cada uno, revela una faceta diferente de su identidad.

Cuando, más tarde, Moisés y los israelitas salen de Egipto y viajan hasta este monte, no encuentran una zarza, sino todo el monte en llamas porque el Señor descendió sobre él (Éx 19:18). Sin embargo, puesto que, de momento, solo está tratando con este hombre, Dios mantiene su fuego reducido al tamaño de una zarza. El mismo monte, el mismo fuego, la misma figura divina. Primero se lo presenta como «el Mensajero [*malak*] del Señor [que] se le apareció» (3:2). La palabra hebrea traducida como «apareció» es una forma del verbo *raá* (ver). Podríamos traducirlo así: «El mensajero de Yahvé fue visto». Señalo este detalle porque, dos versículos después, leemos: «Cuando Yahvé vio…», donde se vuelve a utilizar el mismo verbo, *raá*, solo que esta vez en forma diferente (3:4). Así, el mensajero que «fue visto» es posteriormente llamado Yahvé que «vio».

Pero esta epifanía divina involucra no solo los ojos, sino también los oídos: «Cuando el Señor vio que Moisés se acercaba para mirar, Dios lo llamó de en medio de la zarza, y dijo: "¡Moisés, Moisés!"» (3:4). Ahora se han introducido no uno ni dos, sino tres nombres y designaciones para describirlo: el mensajero de Yahvé, Yahvé y Dios. Luego de decirle a Moisés que se quite el calzado, se identifica además no como una deidad recién llegada, sino como aquella que tiene una relación con el pasado familiar de Moisés: «Yo soy el Dios de tu padre, el Dios de Abraham, el Dios de Isaac y el Dios de Jacob» (3:6). Finalmente, si aún nos estamos rascando la cabeza tratando de entender con quién se encuentra Moisés cara a cara, se nos dice que «Moisés se cubrió el rostro, porque tenía temor de mirar a Dios» (3:6).

¿Qué hemos aprendido hasta aquí sobre este mensajero? En su calidad de tal, es enviado por el Señor. Sin embargo, al mismo tiempo, se lo llama Yahvé y Dios (*Elohim*, en hebreo). Verlo a él, que es enviado por Dios, es ver a Dios. Por lo tanto, es la imagen de Yahvé (ve el análisis que ya hicimos); aquel que lo hace visible. Este mensajero tiene también un pasado con los patriarcas, pues es el Dios de Abraham, Isaac y Jacob. En las próximas narraciones veremos muchos de estos detalles afirmados y desarrollados. Por ahora, prestaremos atención a un pasaje esencial sobre este mensajero y su conexión con el nombre divino.

Poco después de que Israel acampa en el monte Sinaí, el mensajero que inicialmente se reunió allí con Moisés es introducido una vez más en la conversación. Dios dice:

> Yo enviaré un ángel [hebreo: *malak*] delante de ti, para que te guarde en el camino y te traiga al lugar que Yo he preparado. Sé prudente delante de él y obedece su voz. No seas rebelde contra él, pues no perdonará la rebelión de ustedes, porque en él está Mi nombre. Pero si en verdad obedeces su voz y haces todo lo que Yo digo, entonces seré enemigo de tus enemigos y adversario de tus adversarios. Pues Mi ángel irá delante de ti y te llevará a la tierra del amorreo, del hitita, del ferezeo, del cananeo, del heveo y del jebuseo; y los destruiré por completo. No adorarás sus dioses, ni los servirás, ni harás lo que ellos hacen; sino que los derribarás totalmente y harás pedazos sus pilares sagrados (Éx 23:20-24).

Este *malak* (mensajero) es *shalakj* (enviado) por Dios. *Shalakj* suele ser el verbo que se utiliza cuando Dios envía a alguien a realizar una tarea especial o expresar una palabra. Podemos pensar en estos «enviados» como embajadores que actúan y hablan con toda la autoridad de quien los envía. Así que este *malak* es el embajador de Dios. Guardará a Israel como un guerrero, lo guiará a la tierra santa, se opondrá a sus enemigos y exigirá su total atención y obediencia. De hecho, el Señor dice que «[obedecer] *su* voz» es «[hacer] todo lo que Yo [diga]» (23:22; cursivas mías). Su voz es discurso divino. Rebelarse contra él será incurrir en castigo, no recibir perdón. Por tanto, también se le ha concedido poder de absolución.

Si solo se nos dijera esto sobre los deberes y la autoridad de este *malak*, estaríamos muy impresionados. Pero el mayor tesoro de este texto es cuando Dios dice: «porque en él está Mi nombre» (v. 21). Aunque en hebreo son solo tres palabras (*kí shemí bekirbó*), las reflexiones que suscitan podrían llenar los estantes de treinta bibliotecas. «En él está Mi nombre» no es como si yo escribiera mi nombre al interior de un libro para decir que me pertenece. Tampoco es como cuando el sumo sacerdote llevaba una diadema de oro en la cual estaba inscrito el nombre divino

(Éx 28:36-38). Esto es infinitamente más profundo. Poner su nombre
dentro de este mensajero significa que Dios se pone a sí mismo dentro
de él. Para la mente hebrea, los nombres no son simples designaciones
o apelativos con los cuales se etiqueta a alguien. Son equivalentes a la
persona. Los nombres transmiten lo que la persona es; toda su identidad.
Yahvé está diciendo: «Lo que yo soy se encuentra en él». Verlo es verme
a mí. Oírlo es oírme a mí. Seguirlo es seguirme a mí. Mi nombre, Yahvé,
está en él, mi mensajero. En resumen, él es Yahvé para ustedes».

Esto, pues, aclara lo sucedido anteriormente en la zarza ardiente. El
mensajero fue enviado por Dios, pero fue llamado Dios; fue enviado por
Yahvé, pero se lo llamó Yahvé. Ahora sabemos por qué: el nombre de
Dios está en él. No es otra cosa que la imagen del Padre, «la expresión
exacta de Su naturaleza», como dirá Hebreos (1:3). Tal como el Hijo de
Dios estuvo activo en la creación, haciendo una imagen de sí mismo,
ahora está activo en la vida de Israel: guardando, guiando y enseñando.
En otras palabras, está haciendo la voluntad de su Padre, como luego
seguirá haciéndolo en su encarnación.

Antes de pasar a otras formas hebreas de describir al Hijo, nos
referiremos brevemente a un par de relatos más en los que aparece el
mensajero. La primera vez que se lo describe como el mensajero del
Señor es cuando se encuentra con Agar, embarazada y fugitiva, en el
desierto, después de que ella huye de Sarai (Gn 16:7-14). No solo le
dice a Agar lo que debe hacer, sino que le promete: «Multiplicaré de
tal manera tu descendencia que no se podrá contar por su multitud»
(16:10). Observa: dice que *él* lo hará. No necesita decir que «Dios» o
«el Señor» lo hará, porque su boca es fuente de palabra divina. Además,
luego de que él se va, Agar «llamó el nombre del Señor que le había
hablado: "Tú eres un Dios que ve"; porque dijo: "¿Estoy todavía con
vida después de ver a Dios?"» (16:13). Ella lo denomina *El Roi*, «un
Dios que ve». ¿A quién llamó *El Roi*? ¿A alguna deidad lejana? No, al
«Señor que le había hablado», es decir, al mensajero. Por lo tanto, ya en
nuestro primer encuentro con este *malak* en el relato bíblico, nada queda
oculto: es enviado por Dios y se lo llama Dios; habla por Yahvé y se lo
llama Yahvé. Para emplear el lenguaje griego del concilio de Nicea: este

mensajero es la *hipóstasis* (persona) divina del Hijo que es *homoousios* (de la misma naturaleza) con el Padre. Los credos posteriores de la Iglesia no hicieron más que intentar volver a expresar y reafirmar lo que mucho antes ya se había hecho Escritura en la Torá.

Pero Agar no fue la única mujer a la que el Hijo se apareció con la noticia de un nacimiento cercano; también visitó a la anónima madre de Sansón, en Jueces 13, para decirle que pronto concebiría a aquel niño nazareo. Esta historia es intrigante, no tanto por la nueva información que obtenemos, sino por el aspecto humano y poco llamativo del mensajero. No hay halo. No hay zarza ardiente. No hay alas blancas y esponjosas. A lo largo de su aparición ante Manoa y su esposa, se le dan los siguientes nombres: el mensajero de Yahvé, un hombre de Dios, el hombre, y Dios. Sin embargo, ¡su identidad divina estaba tan camuflada que Manoa lo invitó a quedarse a cenar y a disfrutar de un cabrito asado! ¿Por qué? Porque «Manoa no sabía que era el [*malak*] del Señor» (13:16). Por tanto, él y su esposa se quedan comprensiblemente estupefactos cuando el mensajero asciende al cielo en la llama del altar (13:20). El padre de Sansón exclama: «Ciertamente moriremos, porque hemos visto a Dios» (13:22). En lo primero estaba equivocado, pero en lo segundo acertó. No morirían, pues el mensajero era la forma que Dios tenía de hacerse visible sin diezmar a los espectadores. Pero en lo de ver a Dios tenía toda la razón. Aquí estaba Dios en forma humana. Era otro anticipo de la encarnación.

Antes de cerrar esta discusión, vale la pena destacar una última declaración sobre el mensajero de Yahvé[5]. Cuando Jacob, estando en su lecho de muerte, bendijo a sus nietos Efraín y Manasés, comenzó la bendición de esta manera: «El Dios delante de quien anduvieron mis padres Abraham e Isaac, el Dios que ha sido mi pastor toda mi vida hasta este día, el [*malak*] que me ha rescatado de todo mal, bendiga a estos muchachos…» (Gn 48:15-16). Presta mucha atención a dos aspectos de las palabras de Jacob. El primero es más obvio: el paralelismo entre «El Dios […] el Dios […] el *malak*/mensajero». Tal como el primer y el segundo

---

5. Estoy en deuda con Michael S. Heiser por este ejemplo. Véase su obra *The Unseen Realm: Recovering the Supernatural Worldview of the Bible* (Bellingham, WA: Lexham, 2015), 139-140.

elemento de la lista son el mismo, también lo es el tercero. El mensajero que rescató a Jacob de todo mal es el mismo que el Dios ante el cual anduvieron los patriarcas y el Dios que pastoreó a Jacob. «Mensajero» es simplemente otra forma de nombrar a Dios.

El segundo aspecto a destacar es gramatical. Tras una larga introducción en la que se enumeran «El Dios [...] el Dios [...] el mensajero», cabría esperar que el verbo hebreo para «bendecir» estuviera en plural. Pero no vemos eso. El verbo está en singular, lo que implica un sujeto singular. «El Dios [...] el Dios [...] el mensajero» no son, pues, tres sujetos, sino uno solo. Los sujetos plurales requieren verbos plurales, pero esto no es lo que sucede en Génesis 48. El verdadero sujeto es el singular «DiosDiosMensajero».

¿No es propio de nuestro Padre misericordioso haber designado, ya en el primer libro de las Escrituras, a su Hijo como Pastor y Redentor de Israel? Él es aquel delante del cual caminamos. Es la fuente de toda bendición. Nos salva de todo mal. Lo que los evangelios gritarán desde las azoteas ya ha sido susurrado desde el cimiento de la Torá. Prestemos atención.

Los ensayos generales de la Palabra que se hizo carne

Ya hemos visto cómo, de múltiples maneras, el Hijo de Dios se coló en los asuntos cotidianos de la humanidad para anunciar nacimientos, llamar profetas y rescatar a personas sufrientes. En otras ocasiones, se revolcó en la tierra con Jacob, en un combate de lucha libre que duró toda la noche (Gn 32:24-32; Os 12:3-4); se puso frente a Josué con la espada desenvainada y se identificó como el capitán del ejército del Señor (Jos 5:13-15)[6]; y es de suponer que fue él quien disfrutó de una comida de cuajada, leche y ternera de la cocina de Abraham antes de proceder a discutir la inminente destrucción de Sodoma (Gn 18:1-15)[7].

---

6. Aunque en Josué 5 no se lo llama el *malak*, su lenguaje de quitar el calzado establece un paralelo con la orden dada a Moisés en la zarza ardiente, lo cual implica que en ambos lugares apareció la misma figura.

7. En Génesis 18-19 hay una curiosa ambigüedad. Se nos dice que «[Yahvé] apareció» (18:1), pero también que había «tres hombres» allí (18:2). En 18:9, «ellos» hablan, pero en el v. 10 habla «él». Más tarde, dos de los hombres son llamados «ángeles» o «mensajeros» (19:1). Yo sugeriría que «el Señor» es «el mensajero del Señor» y los otros dos son mensajeros angélicos que se dirigen a Sodoma para rescatar a Lot y su familia. Esto, me parece, estaría de acuerdo con el resto de las manifestaciones del mensajero del Señor.

Realmente estaba en acción. Y, casi siempre, este embajador de Yahvé camina y habla como un hombre de la calle; como un israelita más que entabla conversación con alguien. Solo en el transcurso del encuentro, o cuando este concluye, la gente se da cuenta de que está cara a cara con Dios.

Sin embargo, en otros relatos el Hijo bajó del cielo para presentarse como el *davar* del Señor. El sustantivo *davar* (o *dabar*) suele referirse a una palabra hablada o escrita, pero también puede significar una cosa o materia. A veces, en una misma frase, significa ambas cosas. Por ejemplo, dentro de poco hablaremos de Génesis 15, que comienza diciendo: «Después de estas cosas la palabra del SEÑOR vino a Abram». Tanto «cosas» como «palabra» son formas de *davar*. Subrayo esta diversidad de significado porque hay relatos bíblicos en los que la palabra de Dios no solo es pronunciada, sino que se aparece a las personas. La palabra de Dios adquiere temporalmente forma humana. Así, él ya no es solamente *davar*-palabra, sino *davar*-materia. Es la palabra divina no solo para los oídos, sino también para los ojos (y, en el caso de Jeremías, para la boca).

Su primera aparición registrada se encuentra en Génesis, cuando «la palabra del SEÑOR» viene a Abram en una visión (15:1). ¿Cuál es el aspecto de esta visión? Los primeros cuatro versículos descorren la cortina lo suficiente como para que podamos echar un vistazo rápido. Dios habla. Abram responde. Luego, por segunda vez, después de que «la palabra del SEÑOR vino a él» (15:4), Dios habla una vez más. Hasta aquí, la visión parece ser principalmente un acontecimiento auditivo. Dios y Abram dialogan sobre escudos, bebés y sirvientes. Sin embargo, repentinamente, las cosas cambian. La cortina se descorre aun más. En el versículo 5, la palabra divina acompaña a Abram al exterior y le ordena que cuente las estrellas. Ya no se trata de una conversación, sino de una revelación. Este *davar* es visible. Conduce al patriarca al exterior para que se sitúe bajo el cielo titilante. A continuación, tras identificarse como Yahvé (15:7), hace que Abram le traiga diversos animales para sacrificar y le ordena partirlos por la mitad. Luego de predecir el futuro exilio a Egipto, añadiendo la promesa del éxodo, Dios pasa entre los cadáveres bajo la forma de «un horno humeante y una antorcha de fuego» (15:17).

Estaba prometiendo ritualmente a Abram que si él (Dios) renegaba de su promesa, también merecería ser cortado en dos (*cf.* Jer 34:18-20). Este es un capítulo rico en detalles[8], pero el punto principal que queremos subrayar es el siguiente: cuando la palabra de Dios vino a Abram, no vino como una voz en la noche sino como una forma visual encarnada. La palabra se vistió temporalmente de humanidad. El patriarca no solo oyó la palabra de Dios, sino que la vio.

Si avanzamos rápidamente unas cuantas generaciones desde el anciano Abram hasta el joven Samuel, encontramos otro ejemplo en el que la palabra de Yahvé adopta una apariencia humana (1S 3). Al igual que con Abram, sucede al amparo de la oscuridad. En tres ocasiones, Samuel despierta al oír que alguien lo llama por su nombre (3:4, 6, 8). El niño, suponiendo que se trata de Elí, corre cada vez hacia su maestro hasta que el anciano sacerdote se da cuenta de que quien ha venido a llamar debe de ser Dios. Por lo tanto, le dice a Samuel que, cuando vuelva a oír su nombre, diga: «Habla, Señor, que Tu siervo escucha» (3:9).

Ahora bien, ¿quién exactamente había estado llamando a Samuel por su nombre? El capítulo comienza señalando: «La palabra [*davar*] del Señor escaseaba en aquellos días, y las visiones no eran frecuentes». Las frases son paralelas: la palabra de Dios escaseaba, es decir, no se difundían visiones. Casi nadie tenía una visión en la que la palabra de Yahvé viniera a él. Desde luego, el propósito de presentar el llamamiento de Samuel así es resaltar la importancia de esta teofanía. Cada vez que se llama al muchacho, se nos dice que quien pronuncia su nombre es Yahvé. Sin embargo, entre la primera y la segunda llamada, se explica brevemente: «Y Samuel no conocía aún al Señor, ni se le había revelado aún la palabra del Señor» (1S 3:7). El muchacho llegaría a conocer a Yahvé —de manera profunda, íntima y fiel— cuando la palabra de Dios se le manifestara.

Y eso fue precisamente lo que ocurrió a continuación: «Entonces vino el Señor y se detuvo, y llamó como en las otras ocasiones: "¡Samuel, Samuel!". Y Samuel respondió: "Habla, que Tu siervo escucha"» (1S 3:10).

---

8. Para un análisis completo, véase «The Lost Episode 21 Live from HWSS» (21 de octubre de 2020) del pódcast «40 Minutes in the Old Testament», en el que discutimos todo Génesis 15.

El verbo «se detuvo», una forma de *yatsab*, podría traducirse también como «se situó» o «se presentó». ¿Es Yahvé o su palabra la que se situó? Al final, no hay una verdadera diferencia, pero la conclusión del capítulo proporciona esta aclaración: «Y el SEÑOR se volvió a aparecer en Silo. Porque el SEÑOR se revelaba a Samuel en Silo *por la palabra del SEÑOR*» (3:21; cursivas mías). Yahvé se revelaba a Samuel en Silo por medio de su palabra. Esa palabra era el vehículo de la revelación divina. Él venía y se presentaba. Se paraba allí, en dos piernas, tal como nosotros. Hablaba por medio de una boca, tal como nosotros. Al igual que con Abram, la palabra —al menos durante este período de revelación— se presentaba ante Samuel como un hombre para conversar cara a cara.

Avanzando aun más en la historia bíblica, llegamos al llamamiento de Jeremías (1:4-10). Este llamamiento, tal como en el caso de Samuel, es emitido por la palabra de Dios: «Y vino a mí la palabra del SEÑOR: "Antes que Yo te formara en el seno materno, te conocí, y antes que nacieras, te consagré; te puse por profeta a las naciones"» (1:4-5). Hasta aquí, nada parece muy inusual. En los profetas, la frase «vino a mí la palabra del SEÑOR» es bastante común. Sin embargo, observa lo que ocurre tras un breve diálogo entre Jeremías y Dios: «Entonces el Señor extendió Su mano y tocó mi boca. Y el Señor me dijo: "Yo he puesto Mis palabras en tu boca"» (1:9). Durante el llamamiento profético de Samuel, la palabra de Dios se puso delante del muchacho. Sin embargo, en el caso de Jeremías, la palabra lleva estas acciones humanas mucho más allá: extiende su mano, toca los labios del futuro profeta y deposita sus palabras al interior de su boca. La palabra no solo se hace visible en forma humana, sino que se vuelve tocable. Es una palabra para los oídos, los ojos y la boca de este joven predicador.

En el primer capítulo hablamos de la superposición de capas de las Escrituras; de cómo cada pergamino sucesivo construye encima de —e interactúa con— lo que lo precede. Esto da lugar a una red de intertextualidad e interpretación. Las apariciones y acciones humanas de la palabra de Yahvé —a Abram, Samuel, Jeremías y otros— lo ejemplifican perfectamente. Para cuando terminamos de leer el AT y llegamos al Evangelio de Juan, lo que escuchamos de este evangelista concuerda plenamente con su preludio hebreo. Juan escribe: «En el principio ya existía la Palabra. La Palabra estaba con Dios, y Dios mismo era la Palabra. [...] Y la Palabra se hizo carne, y habitó entre nosotros, y vimos su gloria (la gloria que corresponde al unigénito del Padre), llena de gracia y de verdad» (1:1, 14 RVC). Hay otras razones por las que Juan elige este lenguaje para describir al Hijo (ve más abajo la sección sobre la «Sabiduría»), pero una razón primordial es que es un fiel alumno de la Torá y de los profetas. Juan es muy consciente del realismo antropológico de la palabra de Dios en el AT. Mucho antes de que «la Palabra se hiciera carne» eternamente, esa misma Palabra pasó por varios «ensayos generales» de su encarnación al interactuar con los creyentes de antaño. Como solían decir a David Murray los cristianos de las tierras altas escocesas, «Cristo disfrutó probándose las vestimentas de su encarnación»[9].

El Hijo como la sabiduría personificada

En la sección que acabamos de terminar tuvimos que ajustar nuestras mentes a una forma más concreta de pensar en la palabra de Dios. Llegamos a entender la palabra como personificada —literalmente, no solo en un sentido poético—. La palabra *es* la persona del Hijo de Dios. Ahora nos centraremos en cómo la sabiduría sigue este mismo camino, de lo abstracto a lo concreto.

La palabra hebrea para sabiduría, *kjokmá*, es mucho más que inteligencia. *Kjokmá* es holística porque implica una mente en sintonía con la palabra de Dios, manos involucradas en buenas acciones, una boca que dice la verdad, y un corazón que se apoya en la guía divina. *Kjokmá* es el don de Dios por medio del cual reflejamos al sabio Creador en pensamiento, voluntad y acción. En este sentido, tener sabiduría es el medio a través del cual florecemos en la vida que el Señor nos ha concedido.

Esta sabiduría, que se despliega en nuestras vocaciones terrenales, es en sí misma un reflejo de una sabiduría superior, celestial: la sabiduría de Dios. Quizás pienses: «¡Claro! Dios es sabio, así que nosotros también

---

9. David Murray, *Jesus on Every Page: 10 Simple Ways to Seek and Find Christ in the Old Testament* (Nashville, TN: Thomas Nelson, 2013), 82.

deberíamos serlo, como hijos suyos». Bueno, eso no está en discusión, pero es solo la mitad de la historia, y no es el tema aquí. Esta sabiduría superior, celestial, es mucho más que una cualidad o atributo divino. Nuestro Padre no solo *es* sabio, sino que *tiene* sabiduría. ¿A qué me refiero con «tiene»? Dios tiene sabiduría tal como un padre tiene un hijo. Me refiero a que el Padre engendró la sabiduría; la hizo nacer para que estuviera a su lado, para que trabajara junto a él en la creación, para que enseñara a la humanidad, y finalmente, para que hiciera su tabernáculo junto a la humanidad. Al igual que la palabra de Yahvé, la sabiduría de Yahvé es una persona. Utilizando terminología trinitaria, a veces los estudiosos llaman a esto la «hipostatización» de la sabiduría. Quieren decir que la sabiduría es una *hipóstasis* (persona), la cual, aunque esencialmente es de Dios, también se distingue de él. De manera más sencilla, yo diría que la sabiduría es otro nombre para el Hijo del Padre.

El terreno más fértil para esta comprensión de Cristo como la Sabiduría se halla en Proverbios. Al igual que en muchos idiomas, en hebreo todos los sustantivos son de género o masculino o femenino. Como *kjokmá* es un sustantivo femenino, la sabiduría se representa como una mujer. En el primer capítulo, por ejemplo, la sabiduría se para en las calles para llamar a los simples a acudir a ella en busca de instrucción, y reprende severamente a todos los necios ingenuos que rechazan su consejo (1:20-33). Sin embargo, nos centraremos en Proverbios 8. Tras una breve introducción (8:1-3), el resto del capítulo es un largo soliloquio de la sabiduría. En las dos primeras secciones (8:4-21) alaba la adquisición de conocimiento y prudencia, elevándola muy por encima de todos los tesoros terrenales. A continuación, la sabiduría se centra en su relación con el Creador y su papel en la creación. Comienza diciendo: «El SEÑOR me poseyó al principio de Su camino, antes de Sus obras de tiempos pasados. Desde la eternidad fui establecida, desde el principio, desde los orígenes de la tierra. Cuando no había abismos fui engendrada, cuando no había manantiales abundantes en aguas» (8:22-24). Tras describir diversos actos de creación, y subrayar que, *antes de todos ellos*, ella estaba allí, la sabiduría continúa: «Yo estaba entonces junto a Él, como arquitecto; yo era Su delicia de día en día, regocijándome en todo tiempo en Su presencia, regocijándome en el mundo, en Su tierra, y teniendo mis delicias con los hijos de los hombres» (8:30-31).

Como una obra de Rembrandt o Picasso, esta pintura textual de
Proverbios tiene tantos rasgos exquisitos que podríamos fácilmente pasar
todo el día empapándonos de cada detalle. Sin embargo, tendremos que
limitarnos a tres puntos principales. En primer lugar, tal como en los
relatos bíblicos sobre el mensajero y la palabra del Señor, la sabiduría
se distingue de Dios, pero tiene también una unión sumamente íntima
y esencial con él. Yahvé «poseyó» o «engendró» (*caná*) la sabiduría «al
principio de Su camino»[10]. Antes de la creación de los cielos y la tierra,
antes de Génesis 1, ¿qué había? Dios y su sabiduría. En segundo lugar, la
sabiduría era un «arquitecto [*amón*]» que estaba «junto a Él» (8:30). Esta
infrecuente palabra hebrea, *amón*, probablemente significa «artesano»
(*cf.* Jer 52:15). La sabiduría del Padre es como el arquitecto del mundo.
Observa además que este arquitecto no está por encima, por debajo o
por delante de Yahvé, sino «junto a Él» —a su mano derecha, podríamos
decir—. En tercer lugar, hay un hermoso deleite recíproco en 8:30-31.
La sabiduría dice: «Yo era Su delicia de día en día», y luego, la propia
sabiduría «[tenía sus] delicias con los hijos de los hombres». Tal como el
Padre se goza en la sabiduría, esta se goza en la humanidad.

Podríamos resumir el mensaje de Proverbios 8 con una cita de otra
parte del libro: «Con sabiduría fundó el SEÑOR la tierra» (3:19). Por
medio de la sabiduría, Dios creó todo. Si esto te resulta familiar, ¡bien!
Significa que has estado leyendo el NT. Este mismo tipo de lenguaje se
utiliza en varios libros diferentes para describir cómo el Señor fundó la
tierra por medio de su Hijo. Observa cómo todas estas afirmaciones (en
cursiva) son variaciones de lo que Proverbios ya ha declarado:

«... para nosotros hay un solo Dios, el Padre, de quien proceden
todas las cosas y nosotros somos para Él; y *un solo Señor, Jesucristo,
por quien son todas las cosas y por medio de Él existimos nosotros*»
(1Co 8:6).

«En el principio ya existía la Palabra. La Palabra estaba con Dios,

---

10. Aunque puede traducirse de muchas maneras, es probable que aquí el verbo *caná* tenga la connotación de «engendró», pues en los versículos siguientes hay más lenguaje de nacimiento cuando la
sabiduría dice que «[fue] engendrada» (vv. 24-25). El verbo hebreo que significa «engendrada», de la
raíz kj-i-l, significa dada a luz con dolores de parto.

y Dios mismo era la Palabra. La Palabra estaba en el principio con Dios. *Por ella fueron hechas todas las cosas. Sin ella nada fue hecho de lo que ha sido hecho*» (Jn 1:1-3 RVC).

«... en estos últimos días nos ha hablado por Su Hijo, a quien constituyó heredero de todas las cosas, *por medio de quien hizo también el universo.* Él es el resplandor de Su gloria y la expresión exacta de Su naturaleza, y s*ostiene todas las cosas por la palabra de Su poder*» (Heb 1:2-3).

«Porque *en Él fueron creadas todas las cosas,* tanto en los cielos como en la tierra, visibles e invisibles; ya sean tronos o dominios o poderes o autoridades; *todo ha sido creado por medio de Él y para Él. Y Él es antes de todas las cosas, y en Él todas las cosas permanecen*» (Col 1:16-17).

«Pero por obra Suya están ustedes en Cristo Jesús, *el cual se hizo para nosotros sabiduría de Dios*, y justificación, santificación y redención» (1Co 1:30).

Los apóstoles, siguiendo el ejemplo interpretativo de Jesús, leyeron en el AT las palabras sobre el Mesías que ya estaban allí. Proverbios 8 era un ejemplo obvio del Hijo de Dios llamado por otro nombre —Sabiduría—.

Los autores del NT no fueron los únicos escritores judíos de la época del siglo I que basaron su teología en la literatura sapiencial. De hecho, parece que, en algunos casos, los evangelistas y los apóstoles se hicieron eco de —o aludieron a— otros escritos judíos. Uno de ellos es la Sabiduría de Salomón (*c.* 100 a. C.), libro incluido en los apócrifos. Allí se dice que la sabiduría «Es reflejo [*apaúgasma*] de la luz eterna» (7:26 DHH). Esta misma palabra griega se utiliza para describir a Cristo al inicio de Hebreos: «Él es el resplandor [*apaúgasma*] de Su gloria» (1:3). Tanto en Hebreos como en la Sabiduría de Salomón encontramos el mismo lenguaje que posteriormente se adopta en el credo, a saber, que el Hijo de Dios es «Luz de Luz». Cristo, la sabiduría divina, es el resplandor del Padre.

Si alguna vez te has preguntado cómo se le ocurrió a Juan la idea de decir que la Palabra (Verbo) o Logos encarnado «puso su tienda entre nosotros» (Jn 1:14 BL), tomó prestada la imagen de Eclesiástico (también conocido como la Sabiduría de Jesús ben Sirá), otro de los libros apócrifos. Eclesiástico, escrito originalmente en hebreo hacia el 190 a. C. y traducido al griego por el nieto del autor en el 132 a. C., pertenece al género sapiencial. Eclesiástico 24 guarda muchas similitudes con Proverbios 8. Ambos hablan de la sabiduría y de su labor en la creación. Sin embargo, Eclesiástico describe cómo la sabiduría, después de recorrer los cielos y la tierra, buscó un lugar en el cual establecerse. Leemos: «Busqué entre todos ellos un lugar donde detenerme: ¿en qué casa, en qué propiedad instalaré mi refugio? Entonces el Creador del universo me dio una orden, el que me creó me indicó dónde levantar mi tienda. Me dijo: "¡Instálala en Jacob, que Israel sea tu propiedad!"» (24:7-8 BL). ¿Notaste la metáfora utilizada? Dios escogió un lugar para la «tienda» (*skene*) de la sabiduría. Luego dijo: «Instálala [*kataskenoson*]» en Israel. Juan, haciéndose eco de este lenguaje sobre la sabiduría que monta una tienda en Israel, dice que el Logos se hizo carne y «puso su tienda [*eskenosen*]» entre nosotros (1:14 BL). Juan está diciendo: «Lo que Eclesiástico escribió sobre la sabiduría divina es también cierto sobre la palabra divina, las cuales, ambas, son Cristo. Pero lo que aún no sucedía en su época, ha sucedido ahora, en la nuestra: la Palabra-Sabiduría y la Sabiduría-Palabra de Dios se ha hecho carne y ha puesto su tienda entre nosotros. Y hemos contemplado su gloria». Por tanto, aunque Juan habla del Mesías utilizando explícitamente el lenguaje del Logos, implícitamente está empleando la teología de la sabiduría.

Cuando los primeros seguidores judíos de Jesús enseñaban y predicaban que él era el Mesías, acudían con bastante entusiasmo a aquellos escritos sagrados que, para muchos de nosotros, parecen manifiestamente vacíos de cristología —la literatura sapiencial—. Seamos sinceros: cuando la mayoría de los cristianos de hoy leen Proverbios, esperan encontrar poco más que pepitas de sabiduría práctica para la vida real. Cómo actuar. Cómo hablar. Cómo evitar el mal. Vale, está bien. Ciertamente ese tipo de verdades están incluidas en Proverbios. Sin embargo, lo que tristemente la mayoría de los cristianos no esperan encontrar cuando leen este libro de sabiduría es, de hecho, al personaje central: Jesús. ¡Leer Proverbios y pasar por alto al Hijo de Dios es como leer Harry Potter y pasar por alto a Harry Potter mismo! Él es el actor principal; es el personaje central. La sabiduría de Proverbios no es otra que la palabra, el mensajero, la gloria y el Hijo de Dios.

El acontecimiento central de la historia de la Tierra

Comenzamos este capítulo hablando de orientación. De mirar en la dirección correcta para llegar a casa. Al estilo hebreo, hemos mirado hacia atrás; hemos caminado hacia Belén fijando la vista en el pasado. Nuestro peregrinaje comenzó en el Edén, con la imagen del Padre formando al hombre y la mujer a su imagen. A continuación, pasamos junto a Agar en el desierto, junto a Moisés ante la zarza ardiente y junto a los padres de Sansón en el campo para ver cómo el Hijo de Dios visitaba a la gente en la forma de un mensajero enviado por Yahvé, llevando el nombre de Yahvé. También vimos cómo cambió de traje, por así decirlo, para convertirse en la palabra visible y tangible que llevó a Abraham afuera, visitó al joven Samuel y puso palabras en la boca de Jeremías. Y en esta última etapa del viaje, deambulamos por Proverbios y los apócrifos para contemplar su lugar como la sabiduría del Padre. Si quisiéramos, podríamos hacer durar mucho más nuestra caminata hacia atrás recorriendo más historias en las que aparece como Hombre, Hijo de hombre, Gloria, Nombre, Poder, y más. Dejaré que descubras todas esas riquezas por ti mismo.

Teniendo ante nosotros este grandioso panorama bíblico, poblado por una variedad de apariciones humanas del Hijo del Padre, precedidas por la creación del hombre y la mujer a imagen y semejanza de él, llegamos ahora a nuestro destino. Estamos en Belén. Nuestras piernas han chocado con el pesebre. Y allí está: la Imagen, el Mensajero, la Palabra, el Guerrero y la Sabiduría del Padre, uno más de nosotros, ahora y para siempre. Los ensayos generales han terminado. Dios ahora tiene ojos, oídos, manos y un ombligo —y los seguirá teniendo, por siempre—. Ahora Dios es también un hombre, y ahora un hombre también es Dios.

C. S. Lewis llama a la encarnación «el acontecimiento central de la historia de la Tierra»[11]. Y no se equivoca. Toda la historia nos preparó para

---

11. C. S. Lewis, Miracles: A Preliminary Study (New York: Macmillan, 1960), 108.

este acontecimiento, y toda la historia posterior ha sido afectada por él. En Adán, Dios nos dio mucho, y en la rebelión de Adán, perdimos mucho. Sin embargo, en Cristo hemos ganado infinitamente más de lo que tuvimos o perdimos en Adán. Podríamos aventurarnos a decir que el Edén se cumplió en Belén, la creación en la encarnación, pues aquel a cuya imagen fuimos hechos se hizo uno con nuestra naturaleza.

Y hablando de Belén, volveremos allí en el próximo capítulo, pero con un enfoque diferente. Antes de que aquel lugar fuera asociado con el Mesías, se lo conoció principalmente como el pueblo natal de David. Este famoso pastor y rey fue uno de los muchos individuos del pasado de Israel que sirvieron como una prefiguración del Mesías. A ellos, y a sus historias, nos referiremos ahora.

Preguntas para discusión

1. En español se habla de «tener el futuro por delante» o de «dejar atrás el pasado». ¿En qué sentido es diferente la comprensión hebrea del tiempo? ¿De qué manera su idea de «lo que ha sido» nos ayuda a entender la importancia del pasado de Israel?

2. Compara Génesis 1:26-27 con 2 Corintios 4:4 y Colosenses 1:15-17. ¿Qué relación existe entre Cristo como imagen de Dios, y Adán y Eva hechos a imagen de Dios? ¿En qué sentido la creación de la humanidad es una profecía de la encarnación?

3. En Éxodo 3:1-6, ¿qué nombres o designaciones se utilizan para referirse al que está en la zarza ardiente? ¿Qué nos dicen sobre su identidad y autoridad? ¿Qué clase de *malak* o mensajero es este?

4. Lee Éxodo 23:20-23. ¿De qué manera esta descripción del mensajero de Dios nos cuenta más de él? Cuando Yahvé dice: «porque en él está Mi nombre», ¿qué implica esto? ¿Cómo refleja Hebreos 1:3 este retrato del mensajero?

5. ¿Cómo describe Agar al mensajero en Génesis 16? ¿Cuál es el aspecto más notable de su aparición ante la madre de Sansón en

Jueces 13? Discute esto en relación con la Pregunta 2 sobre la imagen de Dios.

6. En Génesis 48:15-16, cuando Jacob bendice a sus nietos, menciona al «[malak] que me ha rescatado». ¿Qué nos dice del mensajero la gramática hebrea de este pasaje? Discute la conveniencia de que el malak sea llamado pastor, especialmente a la luz de pasajes del NT como Juan 10:1-21.

7. ¿Cuáles son los dos significados principales del término hebreo davar? ¿Cómo sabemos que la «palabra» del encuentro con Abram en Génesis 15 era más que una palabra hablada? Compara este acontecimiento con Juan 1:1-5.

8. Compara los llamamientos relatados en 1 Samuel 3 y Jeremías 1:4-10. ¿Qué tienen en común? ¿Qué acciones o características humanas adopta la palabra divina para mostrarse como algo más que un sonido del cielo? Discute cómo esto podría iluminar otros relatos en los que la palabra del Señor llega a su pueblo.

9. ¿Por qué crees que Sabiduría sería un nombre apropiado para el Hijo del Padre? ¿Qué hace la sabiduría en la creación? ¿De qué manera esta descripción confirma que la sabiduría es realmente divina? Compara la descripción de la sabiduría en Proverbios 8 con los siguientes pasajes del NT: Juan 1:1-3; 1 Corintios 1:30; 8:6; Colosenses 1:16-17; Hebreos 1:2-3.

10. Tanto Hebreos 1:3 como Juan 1:14 se hacen eco de —si acaso no citan— otra literatura judía más o menos contemporánea del NT. ¿De qué manera el uso de un lenguaje y categorías familiares ayudaría a los contemporáneos de los primeros cristianos a entender el mensaje del evangelio?

Capítulo 3
Bosquejos a lápiz:
Cómo los individuos del Antiguo
Testamento esbozaron la colorida
vida del Mesías

Aunque no nos demos cuenta, cada vez que asistimos a un evento deportivo, vemos una película o vamos de compras al centro comercial, tenemos la oportunidad de perfeccionar múltiples habilidades que nos sirven para interpretar la Biblia. Para empezar con lo más sencillo, podemos practicar el arte de prestar una atención cuidadosa. Observar los pequeños detalles. Observar lo no obvio. Gran parte de la interpretación bíblica consiste en desacelerar para ver realmente lo que se comunica. También podemos dedicarnos a uno de los pasatiempos favoritos de la humanidad: observar a la gente. ¿Por qué esa persona actúa así? ¿Cuál es la dinámica grupal de aquella gente? Gran parte de la interpretación bíblica consiste también en interpretar a las personas. Cuanto mejor comprendamos a los individuos con los que interactuamos en nuestra vida diaria, mejor será nuestra exégesis de Eva, Jehú o Nehemías.

En estas diversas ocasiones perfeccionamos también la habilidad de pensar analógicamente. Una analogía, por supuesto, nos ayuda a entender una cosa por medio de otra. Cuando hablo de pensamiento analógico, me refiero simplemente a esto: estamos constantemente comparando A con B, una cosa con otra, para ayudarnos a navegar por la vida. Parte del pensamiento analógico consiste en comparar a una persona con otra, o a una persona con un grupo de personas. Cada persona es un individuo, por supuesto, pero también presenta las características de un grupo más amplio con el cual tiene mucho en común. Decimos que son un determinado «tipo» de persona. «Tipo» es de donde obtenemos el adjetivo «típico». Si a un estudiante le encargan un ensayo de diez páginas pero escribe veinte, decimos: «Es la típica persona que rinde más de lo esperado». O si se elige a un senador que ha prometido mejorar la infraestructura, pero luego no cumple, decimos: «Es el típico político». ¿Qué comunica esto? Que los tipos existen. Los distinguimos por patrones de comportamiento predecibles. Entender a una persona típica de un grupo nos ayuda a entender a otros individuos de ese grupo. Todo esto es elemental, por supuesto. Así es como los seres humanos aprendemos a coexistir e interactuar con otros. Por lo tanto, ¿qué tiene que ver esto con la Biblia y su interpretación?

De manera general, las Escrituras están impregnadas de pensamiento analógico o tipológico, y más concretamente, la comparación analógica de una Persona A con una Persona B es uno de los motivos literarios dominantes del relato bíblico[1]. Por ejemplo, en Romanos 5 y 1 Corintios 15, Pablo hace una comparación o un contraste entre Adán y Jesús, llegando incluso a referirse a Cristo como «el último Adán» (15:45). Jesús mismo utiliza pensamiento analógico cuando compara el tiempo que pasó Jonás en el vientre del pez con el tiempo que pasará Jesús en la tumba (Mt 12:40). Este tipo de comparaciones se encuentran en todo el NT, y no solo en relación con Jesús. Por ejemplo, dudo seriamente que la mujer de la Iglesia de Tiatira, a la que Jesús censura, se llamara realmente «Jezabel» (Ap 2:20). Más bien, su maldad era similar a la de la infame reina malvada del AT. De ahí el escandaloso apodo. Una vez más, se compara a una persona A con una persona B.

---

1. En este campo, la literatura es demasiado amplia para enumerarla, así que lo siguiente es solo una muestra. Para un ejemplo de cómo se practicaba esta interpretación analógica o tipológica en la Iglesia primitiva, véase Jean Daniélou, *From Shadows to Reality: Studies in the Biblical Typology of the Fathers* (London: Burns & Oates, 1960). Una visión general se encuentra en Richard Davidson, *Typology in Scripture: A Study of Hermeneutical Typos Structures* (Berrien Springs, MI: Andrews University Press, 1981); y Leonhard Goppelt, *Typos: Typological Interpretation of the Old Testament in the New*, trad. D. H. Madvig (Grand Rapids, MI: Eerdmans, 1982). Para un análisis útil de las raíces del pensamiento tipológico en el AT, véase Michael Fishbane, *Biblical Interpretation in Ancient Israel* (Oxford: Clarendon, 1985). Para un ejemplo de cómo este enfoque afecta a la exposición bíblica, véase Peter J. Leithart, *A Son to Me: An Exposition of 1 & 2 Samuel* (Moscow, ID: Canon, 2003).

Una breve parada en el camino

Tal vez estés pensando: «Eso parece bastante obvio. Tal como en la vida cotidiana, en el cine o en las novelas, en la Biblia se compara a las personas con otras. Bien. Pero ¿cómo ayuda eso en la interpretación bíblica?». Para responder a esta pregunta, estacionemos el automóvil de este capítulo, preparémonos una taza de café y hagamos una breve parada teológica antes de continuar. Debemos aclarar en qué sentido el método bíblico de comparar a la persona A con la persona B se distingue de lo que estamos acostumbrados a hacer en la vida cotidiana. Hablemos brevemente de tres temas: cuerpos, biblias y *tetelestai*.

En primer lugar, cuerpos. En el imaginario bíblico, los individuos están unidos por un vínculo mucho más profundo del que solemos reconocer en nuestras sociedades modernas e hiperindividualizadas. Este vínculo profundo suele denominarse «personalidad corporativa»[2], y significa que, bíblicamente hablando, soy parte de un cuerpo mucho más grande. Para usar un ejemplo que ya mencionamos, Pablo dice: «... en Adán todos mueren» (1Co 15:22). Cuando Adán murió, todos morimos, pues todos estábamos en el cuerpo de Adán. Él es la «personalidad corporativa» de toda la humanidad. O pensemos en los israelitas. Generaciones después del éxodo, debían considerar que habían estado allí, cuando Dios liberó a sus antepasados, porque, en cierto sentido, así era (p. ej., Éx 13:8). Formaban parte del cuerpo de Israel. Esta «personalidad corporativa», esta profunda unidad humana, significa que, en la Biblia, la conexión entre la Persona A y la Persona B no es una mera analogía superficial.

A continuación, biblias. En la vida diaria, «leemos» a las personas, aunque, por supuesto, lo que vemos son versiones muy editadas de ellas. No estamos al tanto de sus pensamientos; vemos una pequeña parte de sus acciones y oímos solo algunas de sus palabras. Por ejemplo, nuestro vecino de al lado (Tom) y el de dos puertas más abajo (Jason) son, tal vez, muy similares, pero es probable que no los conozcamos lo suficiente como para ver esas conexiones. Sin embargo, si leyéramos las biografías

---

2. Véase el análisis de la personalidad corporativa realizado por E. Earle Ellis, «Biblical Interpretation in the Early Church», en *Mikra: Text, Translation, Reading and Interpretation of the Hebrew Bible in Ancient Judaism and Early Christianity* (Minneapolis: Fortress, 1990), 716-720.

de cada uno, llenas de anécdotas, cartas, reflexiones personales e historias familiares y laborales, podríamos decir: «¡Vaya! Estos dos casi parecen hermanos». En otras palabras, una vez que los detalles de sus vidas son puestos por escrito, percibimos vínculos que no podríamos haber visto de otra manera. Lo mismo ocurre con la Biblia. El autor divino ha convertido en Escritura estas «biografías» de ciertos personajes, ha diseñado patrones entre ellos, y ha dejado caer signos verbales reveladores. En consecuencia, observamos no solo los vínculos entre los individuos, sino que profundizamos en las ramificaciones de sus similitudes y diferencias.

Finalmente, *tetelestai*. En la conversación cotidiana, cuando comparo a dos personas, no estoy pensando en una visión panorámica del plan de Dios para el mundo. Solo estoy tratando de entender a la gente. En la Biblia, sin embargo, las cosas son diferentes. Cuando Jesús, en la cruz, gritó *Tetelestai*, «Consumado es» (Jn 19:30), estaba declarando que, en él, todas las cosas habían sido llevadas a su *telos* (meta o fin) divinamente ordenado. Toda la historia había fluido en dirección a él. Todos los ríos, arroyos y riachuelos de la historia del AT desembocaron en el mar de Jesús. Muchos de los personajes de esa historia apuntaban más allá de sí mismos, al *telos* que es Cristo. Por ejemplo, Josué no era simplemente otro líder como Moisés. Era una prefiguración del Mesías, el segundo Josué. El Josué del AT apuntaba más allá de sí mismo, a aquel que terminaría la obra que él solamente había esbozado. Las analogías bíblicas, por tanto, son a menudo teleológicas, es decir, nos llevan al telos de Jesús.

Esa fue, entonces, tu breve charla sobre cuerpos, biblias y *tetelestai*. Veamos si podemos comprimir todo en una frase: *las vidas íntimamente conectadas de los creyentes del AT, cuyas biografías han sido hechas Escritura y colmadas de indicios prefigurantes, están diseñadas para llevarnos al telos divinamente planeado del Mesías*. Eso es. Por eso el pensamiento analógico de la Biblia, que es de un tipo más profundo, es tan significativo. Y ahora, habiendo respondido a esa pregunta, podemos subir una vez más al automóvil de este capítulo y salir otra vez a la autopista: aquella que lleva a la Torá, donde, nuevamente, nuestro viaje comienza de verdad.

Los hechos de los padres

Hace varios años, durante mis estudios de posgrado con eruditos judíos en el Hebrew Union College, me topé con una frase rabínica que, desde entonces, me ha servido como una especie de estandarte para colgar sobre la Torá: *Maasé avot simán lavanim*, es decir, «las acciones de los padres son una señal para los hijos». Lo que los rabinos querían decir es que lo que se escribió en pequeño en la vida de los patriarcas se escribirá en grande en la vida posterior de Israel. Los patriarcas son paradigmas; establecen el patrón que sus descendientes repetirán. El ejemplo clásico (al que volveremos en el capítulo 5) es el miniéxodo de Egipto que Abram y Sarai experimentaron en Génesis 12: un exilio y un retorno que se repetirían y ampliarían en generaciones posteriores.

Esto significa que, poco después de comenzar a leer la Biblia, empezamos a detectar la aparición de ciertos patrones que se repiten (pensamiento analógico). Nos encontramos con una serie de mujeres que no pueden tener hijos hasta que Dios interviene para «abrir sus vientres» (Sara, Rebeca, Raquel, Ana). Vemos que Dios elige o favorece al hijo menor por sobre el primogénito (Abel en vez de Caín, Jacob en vez de Esaú, Efraín en vez de Manasés, David en vez de sus hermanos). Observamos múltiples exilios y regresos (Abram, Jacob, Israel, Noemí). Vemos que a Dios le gusta aparecer en montañas (Moriah, Sinaí, Sión). Estos patrones, que continúan en el NT, son ejemplos de la superposición de capas de las Escrituras a la que nos referimos en el capítulo 1.

Si queremos leer la Biblia de manera plena —y no *parcial*—, es vital prestar mucha atención a estos patrones y ver cómo informan e impactan los relatos individuales. Por ejemplo, imagina cómo se empobrecería nuestra comprensión del comienzo del Evangelio de Lucas si no tuviéramos idea de cómo la esterilidad de la anciana Elisabet se entrecruza con las historias de Sara, Rebeca, Raquel y Ana. O piensa en cómo se atrofiaría nuestra apreciación de la parábola del hijo pródigo si pasáramos por alto que su exilio/retorno debe leerse a la luz de los exilios/retornos de Abram, Jacob, Israel y Noemí. En lugar de leer (erróneamente) el AT como una colección de cuentos moralizantes o lecciones de espiritualidad aplicada —una práctica que encoge el alma en demasiadas Iglesias—, leamos estos escritos buscando discernir cómo todas las capas y patrones forman la historia mesiánica de manera conjunta.

Lo que exploraremos en los ejemplos que siguen recibe muchos nombres: tipología, interpretación figural, prefiguración[3]. Elige un nombre. No importa cuál. Lo que sí importa, no obstante, es que no cometamos el error común de suponer que esta práctica de conectar personajes nació como una innovación interpretativa en los tiempos del NT (como a veces se afirma). Jesús no dijo a sus apóstoles: «Escuchen: voy a enseñarles una nueva forma de leer la Biblia. La llamaremos tipología». No, no, no. La tipología o interpretación figural comenzó *ya en la Torá*. Los profetas y los salmistas perpetuaron esta práctica. Como dice Christopher J. H. Wright, «el propio Antiguo Testamento tiene una especie de tipología interna»[4]. Cuando Pablo asoció a Adán con Jesús, o Jesús asoció su propia persona con Jonás, David o Salomón, tanto nuestro Señor como su apóstol estaban imitando una forma de interpretar las Escrituras que tuvo su génesis en el Génesis mismo. Volvamos, entonces, a ese libro para hablar de Adán y Noé.

Adán y el hombre del arca

Para cuando se nos presenta a Noé, la buena creación de Dios ya se ha rebelado. Adán y Eva se rebelan en Génesis 3. Caín asesina a Abel en Génesis 4. Y Noé aparece en Génesis 5, donde, una y otra vez, la letanía de «y fulano murió» repica como una campana fúnebre que convoca a los enlutados. Las cosas están tan mal que «al SEÑOR le pesó haber hecho al hombre en la tierra» (6:6). Y no podrían ir peor. Es necesario reiniciar la creación, y hay un solo hombre para la tarea: Noé, que «halló gracia ante los ojos del SEÑOR» (6:8). «De este hilo pende el mundo entero»[5].

---

3. Erich Auerbach define la interpretación figural de esta manera: «Establece una conexión entre dos acontecimientos o personas en forma tal que el primero no solo se señala a sí mismo sino también al segundo, mientras que el segundo implica o cumple al primero. Los dos polos de una figura están separados en el tiempo, pero siendo acontecimientos o personas reales, ambos están dentro de la temporalidad. Ambos están contenidos en la corriente fluida que es la vida histórica, y solo la comprensión —el *intellectus spiritualis*— de su interdependencia es un acto espiritual». *Mimesis: The Representation of Reality in Western Literature—New and Expanded Edition* (Princeton, NJ: Princeton University Press, 2013), 73.

4. Christopher J. H. Wright, *Knowing Jesus Through the Old Testament*, 2ª ed. (Downers Grove, IL: IVP Academic, 2014), 118.

5. W. Vischer, *The Witness of the Old Testament to Christ*, trad. A. B. Crabtree (London: Lutterworth, 1936), 93.

Si estuviéramos viendo una obra de teatro, en el escenario solo estaría Noé. Ahora todos los ojos están en él, como antes estuvieron en Adán.

El anuncio de su nacimiento representa su importancia mirando hacia atrás y hacia delante. Su padre, Lamec, le da el nombre de Noé, diciendo: «Este niño nos dará descanso en nuestra tarea y penosos trabajos [*itstsabón*], en esta tierra [*adamá*] que maldijo [*arar*] el Señor» (5:29 NVI). Las tres raíces hebreas de «tierra», «maldijo» y «penosos trabajos» aparecen también en Génesis 3:17, cuando Dios le dice a Adán: «¡maldita [*arar*] será la tierra [*adamá*] por tu culpa! Con penosos trabajos [*itstsabón*] comerás de ella todos los días de tu vida» (NVI). Lamec está intencionalmente repitiendo lo que Dios le dijo a Adán. Así, Lamec es el primer tipólogo en las Escrituras. No se nos dice por qué este padre estaba tan seguro de que su hijo recién nacido daría descanso al mundo —quizás porque, si haces la cuenta, Noé es el primer nacimiento registrado tras la muerte de Adán—, pero queda claro que pensaba eso. Lamec piensa que Noé será el Adán n.º 2, aunque mucho mejor. En consecuencia, su nacimiento es un eco (de Adán) y un presagio (de su obra de dar descanso).

¿Qué sucede después? La construcción del arca, la recolección de animales y el derramamiento del diluvio. Dios rebobina la creación hasta el principio, cuando «La tierra estaba sin orden y vacía, y las tinieblas cubrían la superficie del abismo» (Gn 1:2). El arca flota sobre la superficie de las aguas de manera similar a como alguna vez el Espíritu se movió sobre ellas. Las aguas finalmente se secan «en el mes primero, el día primero del mes» (8:13). Un año nuevo para una nueva génesis. Noé y su familia, acompañados por animales, desembarcan en una creación purificada, reflejando a Adán y Eva rodeados de animales en el Edén. Filón, un filósofo judío del siglo I, señala acertadamente que Noé «es el principio y el fin de nuestra raza —el fin de todas las cosas anteriores al diluvio, y el principio de todo lo posterior—»[6].

Hablando a este segundo Adán, Dios comienza bendiciendo a Noé y a sus hijos (Gn 9:1) tal como bendijo a Adán y a Eva (1:28). Luego repite textualmente la orden que dio a la primera pareja: «Sean fecundos

---

6. *On Abraham*, 46.

y multiplíquense, y llenen la tierra» (9:1; 1:28). Y por si esto no nos bastara para asociar a Adán con Noé, el Señor nos da una pista más. A Adán y Eva les dijo: «Miren, Yo les he dado a ustedes toda planta» (1:29), y ahora, a Noé y a sus hijos, les dice: «Todo lo doy a ustedes como les di la hierba verde» (9:3). Esa pequeña palabra, «como», une explícitamente los dos pasajes.

Génesis, por tanto, describe los días de Noé como un período de renovación. Un nuevo comienzo. Muchas generaciones después, el profeta Isaías percibió esta misma verdad sobre Noé. Así que, como sucede a menudo en los profetas, entretejió una historia de la Torá con su predicación. Luego de describir detalladamente el sufrimiento de Cristo en el capítulo 53, Isaías describe cómo el resultado es el resurgimiento de la alegría entre el pueblo de Dios. ¡Cantan! ¡Se regocijan! Aunque la ira divina los golpeó «por un breve momento» (54:7), con «misericordia eterna» tendrá compasión de ellos (54:8). Para ilustrarlo, Dios dice por medio de Isaías: «Porque esto es para Mí como en los días de Noé, cuando juré que las aguas de Noé nunca más inundarían la tierra. Así he jurado que no me enojaré contra ti, ni te reprenderé. Porque los montes serán quitados y las colinas temblarán, pero Mi misericordia no se apartará de ti, y el pacto de Mi paz no será quebrantado» (54:9-10). Tal como el diluvio fue temporal, también lo fue la ira de Dios. Tal como Dios juró no volver a inundar la tierra, por la obra del Mesías no se enfadará jamás con su pueblo. Y tal como, después del diluvio, el Señor hizo un pacto con Noé, hace un nuevo pacto de paz con su pueblo. Isaías, por tanto, interpreta la historia de Noé y el diluvio como un paradigma de la obra de su Siervo. Este es un ejemplo instructivo; nos muestra que *la lectura de la Torá como un libro sobre el Mesías no comenzó en el NT, sino que ya era practicada por los profetas.*

Basándose en esta antigua superposición de Adán-Noé-Mesías, Jesús comparó su segunda venida con los días de Noé (Mt 24:37). El diluvio original, que presagiaba el diluvio temporal de la ira a la llegada del Mesías (Is 54:7-9), apuntó también al diluvio final del juicio, cuando el Mesías regrese (Mt 24:38-39). La implicación es que, tal como los que estaban con Noé se salvaron, los que están con Jesús serán rescatados.

Pedro confirma esta analogía cuando dice que, tal como una vez la tierra fue destruida por un diluvio de agua, se avecina un diluvio de fuego (2P 3:5-7). Sin embargo, tal como Noé «preparó un arca para la salvación de su casa» (Heb 11:7), «en la cual unos pocos, es decir, ocho personas, fueron salvadas por medio del agua», «correspondiendo a esto, el bautismo ahora los salva a ustedes» (1P 3:20-21). El bautismo nos coloca en el arca de la Iglesia —es decir, en el arca del cuerpo de Cristo—, de modo que somos salvos ahora y lo seremos también del juicio final.

Por lo tanto, cuando leemos sobre Noé, estamos leyendo hacia atrás, hacia Adán, y hacia delante, hacia Jesús. Tal como Noé fue el Adán n.º 2, Jesús fue tanto el Adán n.º 3 como el Noé n.º 2. Sus vidas y acciones se entrelazan en este drama de redención que se está desarrollando. Tanto Adán como Noé apuntaban a la meta o *telos* en el Mesías. Leer sobre ellos es leer sobre Jesús. Pasemos ahora de Noé a otro personaje menos conocido del Génesis: Melquisedec.

Melquisedec: sacerdote y rey de Salem

Es probable que, si parpadeas mientras lees el Génesis, no veas a Melquisedec. Su pequeña historia de tres versículos está incluida en los largos relatos de Noé, Abraham, Isaac, Jacob y José. No se lo vuelve a mencionar en la Torá ni en ningún libro histórico o profético. Como tantos otros personajes bíblicos, su presencia en el escenario es pasada fácilmente por alto, o mejor dicho, *se habría* pasado fácilmente por alto. David se aseguró de que eso no sucediera. En el Salmo 110 colocó un enorme foco que iluminó a Melquisedec, haciéndolo brillar con una importancia sacerdotal y mesiánica. Esta importancia se multiplicó en los primeros siglos antes y después de Cristo, pues todos, desde Filón hasta Josefo, los rollos del mar Muerto y Hebreos, tuvieron cosas que decir sobre él, algunas de ellas bastante extrañas. Veremos que Melquisedec, al igual que Noé, fue una figura de la Torá cuyo carácter en blanco y negro se llenaría de color con la figura del Mesías.

Conocemos a Melquisedec en el momento de su encuentro con Abram (Gn 14:18-20). El patriarca regresa justo después de haber pisoteado a reyes extranjeros y de rescatar a su sobrino Lot, cuya mala elección en el mercado inmobiliario de Sodoma lo convirtió en prisionero de guerra. Aunque se dan pocos detalles, los intérpretes posteriores han encontrado algún significado en casi todos ellos. Es el rey de Salem (probablemente otro nombre de Jerusalén; Sal 76:2). También es sacerdote del Dios Altísimo (*El Elión*, en hebreo). Llevó a Abram pan y vino, y lo bendijo. Por su parte, Abram le entregó la décima parte del botín de guerra. Esto, por supuesto, sucedió muchas generaciones antes de Aarón, así que Melquisedec es anterior al sacerdocio israelita. Por lo tanto, basándonos solo en Génesis, esto es lo que sabemos: es una figura histórica, sacerdote y rey cananeo, que sirvió en Salem, y que una vez bendijo al patriarca de Israel y recibió un diezmo de él[7].

El nombre de Melquisedec sale una vez más a la superficie en el AT. Esta vez, sin embargo, es en un poema de una importancia enorme, el Salmo 110, que es el pasaje del AT más citado en el NT. Comienza así: «Dice el Señor [Yahvé] a mi Señor [Adonai]: "Siéntate a Mi diestra, hasta que ponga a Tus enemigos por estrado de Tus pies"». Jesús citó este pasaje a los fariseos cuando quiso demostrar que el Mesías era algo más que un simple hijo de David (Mt 22:41-46). A menudo se lo cita o se alude a él en relación con el Hijo sentado a la derecha del Padre. El resto del salmo utiliza imágenes de realeza y batalla para describir el triunfo del Mesías sobre sus enemigos. Luego leemos este versículo: «El Señor ha jurado y no se retractará: "Tú eres sacerdote para siempre según el orden de Melquisedec"» (Sal 110:4). El Hijo, a la derecha del Padre, no solo será divino, reinará junto al Padre y será victorioso, sino que también será sacerdote; no como Aarón, sino como aquel antiguo sacerdote gentil de Salem.

La pregunta obvia es esta: ¿cuál es la conexión entre el Salmo 110 y Génesis 14? Para empezar, están vinculados temáticamente. El tema de

---

7. Aun estos pocos detalles, como la identificación de Salem con Jerusalén, son cuestionados por diversos estudiosos. Para los interesados en leer más sobre Melquisedec, véase Fred L. Horton, *The Melchizedek Tradition: A Critical Examination of the Sources to the Fifth Century AD and in the Epistle to the Hebrews* (London: Cambridge University Press, 1976); Paul Kobelski, *Melchizedek and Melchiresha*, CBQ Monograph Series 10 (Washington, DC: Catholic Biblical Association, 1981); y mi tesis *Melchizedek in Biblical and Extrabiblical Traditions* (tesis STM, Concordia Theological Seminary, 1999), que se puede leer en línea aquí: https://drive.google.com/file/d/13bVR_Na7BoDieqfyM3omCjDaDy1RobEi/view.

ambos capítulos es la victoria del líder escogido por Dios (Abram y Adonai) sobre muchos enemigos. En ambos capítulos, además, la aparición de Melquisedec en la escena es repentina. Sin embargo, hay una diferencia distintiva cuando pasamos del Génesis al salmo: David parece haber fusionado dos personas —el conquistador Abram y el sacerdote Melquisedec— *en una sola persona*, a la que ambos prefiguran. El salmista está insinuando: «Escribí este poema basándome en Génesis 14. El Mesías es como Abram. El Mesías es como Melquisedec. No obstante, es uno. Tanto el patriarca israelita como el sacerdote gentil prefiguran al ungido del Señor». Tal como vimos a Isaías interpretar Génesis 6-9 y aplicarlo a Cristo, ahora vemos a David hacer lo mismo con Génesis 14. Esta es una prueba más de que la lectura de la Torá pensando en el Mesías se practicaba ya un milenio antes de que el Mesías naciera.

Antes de pasar al NT para ver cómo Hebreos completa esta prefiguración o interpretación figural, viajemos momentáneamente a Roma, Egipto y el mar Muerto para preguntar qué decían de Melquisedec otros judíos del siglo I. En Roma, el historiador judío Josefo dice que Melquisedec fundó Jerusalén, construyó allí un templo y desempeñó funciones sacerdotales[8]. En Egipto, el filósofo judío Filón dice que Melquisedec fue un «rey justo», «rey de paz», «sacerdote propio» de Dios, y sacerdote autodidacta. También dice que Melquisedec fue un representante terrenal del Logos[9]. Entre los rollos del mar Muerto, un documento fragmentario llamado 11QMelch dice que Melquisedec, redentor celestial, aparecerá en el Día de la Expiación, en el jubileo final de la historia mundial. Rescatará a los hijos de la luz, encabezará los ejércitos angélicos y derrotará a los poderes de las tinieblas. También se lo llama Dios (El y Elohim). Es posible que el autor de 11QMelch haya visto a Melquisedec como el «Señor [Adonai]» de Salmo 110:1. Por lo tanto, sobra decir que, en el siglo I d. C., hubo judíos que fueron más allá —y a veces *mucho* más allá— de lo que el texto bíblico decía sobre Melquisedec.

El autor de Hebreos, en 7:1-28, utiliza íntegramente a Melquisedec como un medio para un fin mesiánico. Es decir, quiere que leamos Génesis 14

---

8. *Wars* 6:438; y *Antiquities* 1:179-181.

9. *Allegorical Interpretation* 3:79-82; *Preliminary Studies* 99; *On Abraham*, 235.

y el Salmo 110 para ver cómo Melquisedec «se parece» al Hijo de Dios (7:3). En pocas palabras, su argumento es el siguiente:

Melquisedec es, en todos los sentidos, mayor que los levitas
    y su sacerdocio;
Cristo pertenece al orden de Melquisedec;
por lo tanto, Cristo es, en todos los sentidos, mayor que los
    levitas y su sacerdocio.

A lo largo de su exposición, utiliza un lenguaje bastante extraño sobre Melquisedec —sin padre, ni madre, ni cumpleaños, ni fecha de defunción (7:3)—, lo cual puede reflejar algunas de las tradiciones que giraban en torno a él en la cultura contemporánea. Sin embargo, su argumento principal es que la pertenencia de Jesús a la tribu de Judá no significa que no pueda ser sacerdote. Observen a Melquisedec; ni siquiera era israelita, y sin embargo, Dios profetizó a través de David (Sal 110:4) que el Mesías ejercería su sacerdocio. Además, el sacerdocio de Cristo es «para siempre», a diferencia de los levitas, que finalmente terminan a dos metros bajo tierra.

Si juntamos todo esto, ¿qué aprendemos? El Señor es como un hábil autor que elabora una novela prestando una minuciosa atención a los detalles. Sabe cómo quiere que se desarrolle la trama, dónde quiere que gire a la derecha, dónde quiere que gire a la izquierda, y cómo se relatará el capítulo final. A lo largo del camino, deja caer pistas. Prefigura. Y presenta personajes aparentemente menores que a veces desempeñarán papeles importantes en los capítulos siguientes. De este modo, presenta a Melquisedec al principio, y luego, como si no fuera tan importante, lo deja fuera de la historia solo para retomarlo más tarde e integrarlo a la acción principal de la narración. En el proceso, Dios nos enseña a leer su historia de salvación, a prestar mucha atención a los detalles, a interpretar a las personas, y —al estilo rabínico— a preguntar cómo «las acciones de los padres» serán «una señal para los hijos».

Gedeón y el día de Madián

San Jerónimo estaba en lo cierto cuando dijo que «Moisés es la figura central del Antiguo Testamento»[10]. Puede que Moisés haya exhalado su último aliento al final de Deuteronomio, pero su vida continúa dominando el resto del AT. Su nombre y la Torá son sinónimos. No se puede pensar en el éxodo sin que él ocupe el primer plano. Es el profeta, líder y libertador paradigmático de la historia fundacional de Israel. No nos sorprende, por tanto, que los escritores bíblicos posteriores usen colores similares a los de Moisés para pintar a profetas como Samuel, Elías o Jeremías. Asimismo, es esperable que líderes como Josué y David sean descritos en términos similares a los de Moisés. Tampoco nos decepciona leer que Gedeón, el libertador de Israel, en Jueces, sea presentado como un minimoisés. Anteriormente observamos cómo Noé fue un eco de Adán y una prefiguración del Mesías. Ahora veremos de qué manera Gedeón apuntó tanto a Moisés, en el pasado, como al Mesías, en el futuro. Y, nuevamente, veremos de qué modo Isaías, como intérprete de la Torá, estableció para nosotros la conexión Gedeón/Cristo.

En primer lugar, tracemos brevemente las conexiones entre Moisés y Gedeón. Hay coincidencias temáticas y verbales. En la época de Gedeón, dos de las potencias extranjeras que subyugaban a Israel, los madianitas y los amalecitas (Jue 6:2-3), habían también atacado o debilitado a Israel en los días de Moisés (Nm 22:7; Éx 17:8-16). En segundo lugar, el símil elegido para describir a estas potencias invasoras, «como langostas en multitud», nos recuerda la octava plaga contra Egipto (Jue 6:5; Éx 10:12). Del mismo modo, el verbo utilizado para describir su destrucción de los productos de la tierra, *shakjat* («destruían» [Jue 6:4]), se utiliza también para describir la destrucción de Egipto en la cuarta plaga («devastada» [Éx 8:24]). E inmediatamente antes del llamamiento de Gedeón, el narrador establece el «escenario del éxodo» relatando el mensaje de un profeta anónimo: este acusa al Israel de la época de Gedeón de haberse alejado del Dios que «los [hizo] subir a ustedes de Egipto, y los [sacó] de la casa de servidumbre» (Jue 6:8).

Además de estas conexiones entre Gedeón y Moisés, sus respectivos relatos se reflejan mutuamente. A ambos hombres se les aparece el mensajero de Yahvé (Éx 3:2; Jue 6:12). Cuando el mensajero habla, Gedeón

---

10. *Against the Pelagians*, 1:14.

recuerda los milagros del éxodo y se pregunta por qué han cesado en su época (6:13). Tanto Moisés como Gedeón son «enviados» (*shalakj*; Éx 3:10; Jue 6:14). Ambos intentan eludir su deber basándose en su incapacidad personal (Éx 3:11; Jue 6:15). Y finalmente, ambos reciben exactamente la misma respuesta de Dios: «Ciertamente Yo estaré contigo» (Éx 3:12; Jue 6:16).

En la narración que sigue, Gedeón realiza algunas tareas similares a las de Moisés. Para empezar, derriba el santuario idolátrico de su familia, tal como Moisés destruyó el becerro de oro hecho por su hermano Aarón (Éx 32:20; Jue 6:25-27). A continuación, Gedeón dirige a su pueblo en una batalla que, al igual que la del mar Rojo, parece totalmente imposible de ganar. Israel es ampliamente superado en número y armamento. De hecho, Dios se aseguró de que fuera así. Redujo los treinta y dos mil soldados de Gedeón a trescientos hombres. Luego los «armó» con vasijas de barro, antorchas y trompetas. No obstante, al comenzar la batalla, fue obvio que, al igual que en el mar Rojo, Yahvé estaba luchando por Israel: «el Señor puso la espada del uno contra el otro» (7:22). Finalmente, los enemigos de Israel fueron derrotados, y dos de sus comandantes, Oreb y Zeeb, fueron ejecutados en lugares que, desde entonces, registraron su infamia: la «peña de Oreb» y el «lagar de Zeeb» (7:25). Tal como Dios utilizó a Moisés para liberar a su pueblo de Egipto y posteriormente guiarlo, también utilizó a Gedeón para liberar a su pueblo del «exilio» en su propia tierra y luego guiarlo. Gedeón es, por tanto, un neomoisés; apunta a este famoso líder. Sin embargo, como veremos a continuación, Gedeón también señala a Cristo.

Muchos siglos después de Gedeón, Isaías predijo uno de sus sermones más famosos sobre el Mesías venidero. Cada Navidad y Epifanía se leen fragmentos de él en las iglesias (9:1-7). El profeta predijo que nos nacería un niño; que se nos concedería un hijo sobre cuyos hombros descansaría el gobierno. Este hijo, sentado en el trono de David, sería llamado «Admirable Consejero, Dios Poderoso, Padre Eterno, Príncipe de Paz» (9:6). En su ministerio por la Galilea de los gentiles, el pueblo que andaba en tinieblas vería una gran luz. Aumentaría la alegría de la nación como en la cosecha o durante el reparto del botín tras una batalla

(9:2-3). Porque romperá el yugo, el báculo y la vara de quienes oprimen a su pueblo (9:4).

¿Con qué podría comparar Isaías este triunfo del Mesías? ¿Qué acontecimiento histórico podría servir como paralelo de esta magnífica victoria venidera? Isaías conocía las historias de su pueblo, y en el pasado de su nación encontró el acontecimiento perfecto para presagiar el futuro. Dijo que esta obra del Mesías ocurriría «como en el día de Madián» (9:4 RVC). Tal como podemos referirnos a una batalla épica utilizando una especie de taquigrafía como el «Día D» o «Waterloo», «el día de Madián» era la forma hebrea de abreviar «el día en que Israel, liderado por Gedeón, derrotó a los madianitas». Esto es obvio gracias a una segunda referencia a la misma batalla, donde Isaías dice, más explícitamente: «como cuando [Dios] abatió a Madián en la roca de Oreb» (10:26 NVI; Jue 7:25).

Isaías no solo se refiere explícitamente a esta derrota del enemigo, sino que adorna su predicación con imágenes extraídas de la victoria de Gedeón. Tal como los hombres de Neftalí lucharon junto a Gedeón, el Mesías iluminará la ensombrecida tierra de Neftalí (Jue 7:23; Is 9:1). Tal como los hombres de Gedeón iluminaron repentinamente la oscuridad con sus antorchas, a la llegada de Cristo el pueblo en tinieblas verá una gran luz (Jue 7:20; Is 9:2). La narración de Gedeón registra tanto la escasez de la cosecha como los despojos de la guerra (Jue 6:4-5; 8:24-26), y ambas cosas figuran también en la descripción de Isaías (Is 9:3). Y, por supuesto, las gráficas imágenes militaristas de botas que pisotean y ropas ensangrentadas, listas para el fuego (Is 9:5), concuerdan con la muerte de Madián en el campo de batalla.

El versículo en el que Isaías se refiere a la batalla del libro de Jueces dice: «Porque Tú quebrarás el yugo de su carga, el báculo de sus hombros, y la vara de su opresor, como en [el día] de Madián» (9:4). La elección de su lenguaje es interesante e instructiva. Los sustantivos hebreos para yugo, carga y opresor son *palabras del éxodo*. Ninguno aparece en el relato de Gedeón. Sin embargo, en el relato del éxodo, el Señor rompió «las varas de su yugo [egipcio]» (Lv 26:13). Los sacó de debajo de las «cargas de los egipcios» (Éx 6:6-7). Y «opresor» es la misma palabra que en Éxodo se traduce como «capataz» (3:7; 5:6). En otras palabras, al oír a Isaías decir: «Porque Tú quebrarás el yugo de su carga, el báculo de sus hombros, y la vara de su opresor», esperaríamos que concluyera: «como en el día de Egipto», pero nos sorprende diciendo: «como en el día de Madián». Sin embargo, en realidad no debería sorprendernos porque, como vimos anteriormente, Gedeón es un pequeño Moisés, los madianitas son un pequeño Egipto y toda la historia es un pequeño éxodo. El profeta, percibiendo los paralelos literarios entre Éxodo y Jueces 6-8, los mezcla magistralmente en su profecía mesiánica.

Isaías nos muestra que, al leer el libro en el que «cada uno hacía lo que le parecía bien ante sus propios ojos» (Jue 21:25), sería bueno no perder de vista al Mesías. Las *maasé avot* (acciones de los padres) en Egipto fueron una señal para Gedeón, cuyas acciones fueron a su vez otra señal para el Mesías. A través de las Escrituras, cada capa construye sobre la anterior, y todas conducen a Cristo.

El Mesías llamado David

En los tres ejemplos que hemos investigado hasta aquí —Noé, Melquisedec y Gedeón—, su importancia con respecto al Mesías era evidente ya en las páginas del propio AT. Es decir, los profetas y/o salmistas decían expresamente algo como: «No pierdas de vista a este hombre; es una figura del Mesías». Por lo tanto, la interpretación bíblica centrada en el Mesías no se originó en el NT. Isaías la practicó. David la practicó. Cuando Jesús «les explicó [a los discípulos de Emaús] lo referente a Él en todas las Escrituras» (Lc 24:27), estaba siguiendo el precedente de sus precursores, pues «los profetas que profetizaron de la gracia que vendría a ustedes, diligentemente inquirieron y averiguaron, procurando saber qué persona o tiempo indicaba el Espíritu de Cristo dentro de ellos, al predecir los sufrimientos de Cristo y las glorias que seguirían» (1P 1:10-11).

Examinemos ahora a un último individuo. Y es uno de los principales. Si estuvieras en la Jerusalén del siglo I y detuvieras a los judíos en la calle para preguntarles: «¿A quién se parecerá el Mesías?», la mayoría probablemente respondería: «A David, por supuesto»[11]. De todos los

---

11. Véase Kenneth E. Pomykala, *The Davidic Dynasty in Early Judaism: Its History and Significance in Messianism* (Atlanta: Scholars Press, 1995).

individuos del AT que, de algún modo, prefiguraron al Mesías, ninguno le llega ni a la suela de los zapatos al hijo de Isaí. Su tribu de Judá, su pueblo natal de Belén, sus vocaciones de pastor y rey, la persecución que sufrió de parte de Saúl; todos estos elementos (y muchos más) sirvieron de anteproyecto para el divino Hijo de David.

Los salmos de David refuerzan esta conexión entre ambos, pues muchos detalles de los poemas de David, que describen sus victorias y sufrimientos, se citan en el NT como descripción de las victorias y los sufrimientos de Cristo. La concordancia entre la figura del pasado y la realidad del futuro era tan íntima que, en la etiqueta del Mesías, tres profetas escribieron «David» (Jer 30:9; Ez 34:23-24; 37:24-25; Os 3:5). Además, por medio del profeta Natán, Dios le dijo a David que le construiría una casa, es decir, una «casa dinástica» (2S 7:11-16 NTV). Cuando David muriera, Dios levantaría a su descendiente (lit. «simiente») y establecería su reino para siempre. Dios sería un padre para él, y él sería un hijo para Dios. Por decreto divino, la casa, el reino y el trono de David perdurarían para siempre. Aunque algunos elementos de esta promesa describen lo que Dios hizo por medio de Salomón (1R 8:17-21; 1Cr 22:6-12), este no fue ni de lejos el cumplimiento verdadero y final de la promesa. En la propia respuesta de David, él mismo lo expresa, pues observa que Dios había hablado de su linaje «concerniente a un futuro lejano» (2S 7:19). No, el «hijo» de David fue mucho más que Salomón. El hijo de David sería también el Señor de David (Mt 22:41-46).

Observa, en primer lugar, la posición de David en el tronco y las ramas del árbol genealógico del Mesías. En la Torá vemos que la sección de la humanidad de la que procederá la Simiente prometida se estrecha gradualmente. Comenzamos en Génesis 3:15, con la promesa amplia y general sobre la simiente de la mujer. Luego se reduce a la familia de Abraham (12:3). Luego Jacob, profetizando sobre sus hijos, la reduce aun más a la tribu de Judá (49:8-12). Y finalmente, en 2 Samuel 7, Dios la reduce a la familia de David. De Eva a Abraham, a Judá y a David. Luego, Dios se detiene. Nunca vuelve a señalar específicamente, por ejemplo, una rama concreta de la familia de David. *Esto significa que David es el penúltimo eslabón entre la primera promesa del Mesías y su encarnación*. De hecho, observa que, en la encarnación, cuando el Hijo de Dios entra en el vientre de María para convertirse en «la simiente de la mujer», el arcángel llama a David «Su padre»: «el Señor Dios le dará el trono de Su padre David» (Lc 1:32).

El lugar de nacimiento del Mesías es otro ejemplo de cómo las *maasé avot* (las acciones de los padres) establecieron el patrón para los hijos —en este caso, el Hijo de David, específicamente—. En el siglo VIII a. C., Miqueas profetizó que en Belén nacería el «gobernante [de] Israel [cuyos] orígenes son desde tiempos antiguos» (5:2). Este texto es un útil recordatorio de que las palabras de los profetas surgieron de realidades históricas. Belén fue elegida, a diferencia de Jerusalén o de Jericó, no por lanzamiento de dados ni por alguna razón esotérica, sino por una sola razón: era el pueblo natal de David. La historia de David estableció el futuro del Mesías. Él se levantaría y pastorearía su rebaño (Mi 5:4) tal como David había sido un verdadero pastor de ovejas y el pastor-rey de Israel (1S 16:11; Sal 78:70-71).

Pero ¿qué hay de los diversos acontecimientos de la vida de David? Por ejemplo, ¿debemos ver en su derrota de Goliat una prefiguración de la derrota del mal por parte de Cristo (1S 17)? ¿Fue la persecución de Saúl a David una prefiguración de la persecución de Saulo al Hijo de David (Hch 9:4)? Durante la traición y el golpe de Absalón, cuando David salió de Jerusalén cruzando el valle del Cedrón y subiendo «la cuesta del monte de los Olivos» (2S 15:30), ¿fue esto un anticipo de cuando el Hijo de David cruzaría este mismo Cedrón y subiría el monte de los Olivos luego de ser traicionado por Judas (Jn 18:1; Mt 26:30)? En otras palabras, ¿cuánto de la vida de David —además de su pueblo natal y su vocación de rey— debemos considerar como un modelo del Mesías? Los Salmos nos proporcionan una útil respuesta a esta pregunta.

Setenta y cinco de los salmos se atribuyen a David[12]. De ellos, catorce tienen epígrafes que indican que el salmo surgió de circunstancias generales o específicas de la vida de David, desde el golpe de Absalón (Salmo 3) hasta las acciones sangrientas de Doeg (Salmo 52) y el ocultamiento de

---

12. Dentro del libro de los Salmos se le atribuyen setenta y tres. Los autores del NT le atribuyen otros dos (Hch 4:25; Heb 4:7). Así, exactamente la mitad de los salmos son de autoría davídica, y es posible que otros cincuenta anónimos también sean de él.

David en una cueva (Salmos 57 y 142). Sin embargo, el NT cita muchos de los salmos de David como cumplidos en Jesús. Por lo tanto, ¿cómo es? ¿Son los salmos oraciones poéticas de David, o son promesas proféticas sobre Jesús? «Sí». Son las dos cosas. En estos salmos, las vidas de David y de Jesús se superponen. Veamos un par de ejemplos.

En el Salmo 41, David describe las diversas formas en que sus enemigos han conspirado contra él. Este salmo no nos dice explícitamente las circunstancias que rodearon su composición, pero su contenido sugiere que corresponde al golpe de Absalón. Uno de los enemigos era un «íntimo amigo» en el que David confiaba; alguien que había comido en la propia mesa del rey pero que luego «levantó su talón contra» él (v. 9). El referente más probable es Ahitofel, consejero de David que lo traicionó cuando Absalón se rebeló (2S 15:31) y que, finalmente, se ahorcó (17:23).

La noche en que Judas lo traicionó, Jesús citó el Salmo 41 aplicándolo a sí mismo: «pero es para que se cumpla la Escritura: "el que come mi pan ha levantado contra mí su talón"» (Jn 13:18). Ahitofel y Judas fueron, respectivamente, amigos íntimos de David y de Jesús; compartieron comidas con ellos; los traicionaron; y ambos se quitaron la vida ahorcándose (Mt 27:5). Cuando Jesús citó este salmo, colocó su propia vida al lado de la de David. Nos animó a mirar cada una desde la otra, a percibir las analogías, y a discernir cómo el Señor de la historia, mucho tiempo antes, había trazado las sombras de un futuro mesiánico en los sufrimientos del rey de Israel. En otras palabras, 2 Samuel debe leerse en tándem con los evangelios. El Salmo 41, además de ser bello como poesía y oración, se convierte también en una especie de descripción abreviada de «Cómo interpretar la Biblia». Veremos este salmo con más detalle en el capítulo 8.

Según su introducción, el Salmo 34 fue compuesto en circunstancias bastante extrañas —y oscuramente cómicas—: surgió cuando David, con astucia dramática, se hizo pasar por loco para salvar su cuello ante un rey filisteo (1S 21:10-15)[13]. Mientras se escondía de Saúl en Gat, su tapadera

---

13. El Salmo 34 identifica al rey de Gat como Abimelec, mientras que 1 Samuel 21:10 lo llama Aquis. Abimelec, que significa «Mi padre es rey», es probablemente un título o «nombre de trono» dado a muchos de los reyes filisteos (*cf.* Gn 20:2; 26:1).

quedó expuesta, dejando su vida en peligro. Por lo tanto, «se fingió demente ante sus ojos y actuaba como loco en medio de ellos; escribía garabatos en las puertas de la entrada y dejaba que su saliva le corriera por la barba» (21:13). Al ver este inquietante despliegue, el rey dijo sarcásticamente a sus siervos que muchas gracias, pero que ya tenía suficientes locos. Así que David libró su vida. Tras esta caótica artimaña, David compuso un salmo acróstico muy estructurado para alabar a Dios, que libra al justo de todas sus aflicciones (Sal 34:19). A primera vista, este salmo es simplemente una oración en que David reflexiona sobre la bondad de su Señor en los momentos difíciles de la vida. A primera vista. Sin embargo, bajo la superficie hay mucho más que ver.

Mientras describe la crucifixión, el evangelista Juan, habiendo observado que los soldados no rompieron las piernas de Jesús, dice luego que «esto sucedió para que se cumpliera la Escritura: "no será quebrado hueso suyo"» (19:36). ¿Qué Escritura? Probablemente fueron dos. La primera es Éxodo 12:46, que prohíbe romper los huesos del cordero pascual; y la segunda es Salmo 34:20: «Él guarda todos sus huesos; ni uno de ellos es quebrantado». Esta cita, pues, sirve de doble metalepsis (ve el capítulo 1). Nos remite a los textos precursores de la Torá y los Salmos, y luego nos pide comparar lo ocurrido en la crucifixión y la muerte de Jesús con (1) el sacrificio del cordero pascual y (2) los sufrimientos de David en Gat. Jesús es el «Cordero [pascual] de Dios que quita el pecado del mundo» (Jn 1:29) y es también la «descendencia de David» (7:42).

Al citar el Salmo 34, Juan se convierte en nuestro profesor de Biblia; nos está enseñando a interpretar las Escrituras. Está diciendo: «Vuelve a este salmo y léelo pensando en Jesús, no solo en David. Ten en cuenta el contexto histórico (es decir, la casi muerte de David en Gat) que condujo a su composición. Observa que la liberación de David es una prefiguración de la resurrección de Jesús. Comprende, también, que aun este acontecimiento singular de la vida de David debe leerse a la luz de la obra del Mesías».

Lo que hemos hecho brevemente con los Salmos 41 y 34 podría extenderse a todos los Salmos (ve el capítulo 8). Por ejemplo, el Salmo 18 (=2S 22), donde David alaba a Dios por haberlo rescatado «de la mano de todos sus enemigos, y de la mano de Saúl» (18:1), es también el canto de victoria del Mesías en el día de su resurrección. El Salmo 52, cantado por David cuando Doeg el edomita lo traicionó (1S 22:6-23), y el Salmo 54, que oró cuando los zifeos lo apuñalaron dos veces por la espalda (1S 23:19-20; 26:1), fueron acertadamente orados por Jesús cuando hombres mentirosos planearon destruirlo.

Nos hicimos la pregunta: ¿cuánto de la vida de David —además de su pueblo natal y su vocación de rey— debemos considerar como un modelo del Mesías? Los Salmos nos dicen que no debemos dejar ninguna piedra davídica sin voltear. Si aun su embaucamiento de un rey filisteo, fingiendo locura, fue precursor de la obra de Cristo, seguramente hay muchas otras cosas que también lo son. *Los Salmos, pues, hacen patente el significado mesiánico latente en la vida de David.*

Solo hemos arañado la superficie de la conexión de David con Jesús, por supuesto, pero es un comienzo útil, así como una invitación a seguir estudiando. David completa el patrón que ya hemos distinguido en Noé, Melquisedec y Gedeón: que, mucho antes de escribirse el NT, mucho antes de la llegada del Mesías, los profetas y poetas ya comparaban al futuro Ungido del Señor con figuras del pasado de Israel. Será como Noé. Será como Melquisedec. Será como Gedeón y David. Usando la versión bíblica del pensamiento analógico, compararon a diversos individuos con Aquel que vendría. El Mesías sería, por decirlo de algún modo, una persona compuesta, parecida ligeramente a un montón de gente. Ese es el mensaje que ya se había comunicado en el AT. Solo restaba que los autores del NT le dieran más cuerpo a ese mensaje aplicándolo a Jesús de Nazaret.

Ahora pasaremos de las personas en particular a la creación en general. Si, según el Tanaj, el Mesías ha de ser un nuevo Adán, un nuevo Noé, un nuevo David, etc., ¿cómo se relaciona también con una nueva creación? ¿Qué tiene que ver el Génesis con Jesús? Y ¿cómo adoptan los profetas el lenguaje de la creación para describir el reino mesiánico venidero? Exploraremos todas estas cuestiones en el próximo capítulo.

Preguntas para discusión

1. Discute qué es el pensamiento analógico en la vida cotidiana, y luego contrástalo con la forma en que la Biblia utiliza este

método de comparación y contraste. Utiliza la sección sobre «cuerpos, biblias y *tetelestai*» para distinguir las dos formas de este pensamiento. ¿De qué manera comparar una persona A con una persona B nos ayudará a entender más claramente a Cristo?

2. ¿Qué significa el dicho rabínico «las acciones de los padres son una señal para los hijos»? Da algunos ejemplos del AT en los que se vea surgir esta pauta. ¿De qué manera las historias del NT adquieren una dimensión mayor cuando nos damos cuenta de que repiten patrones del AT?

3. ¿Por qué se dice que Noé apuntó hacia atrás, a Adán, y hacia delante, a Jesús? ¿Cuáles son los temas y palabras comunes que hacen de Noé una persona similar a Adán (Gn 1:28; 3:17; 5:29; 9:1-3)? ¿Cómo utiliza Isaías la historia de Noé (54:1-10)? ¿De qué manera Jesús y los autores del NT hablan de Jesús como una figura similar a Noé (Mt 24:37-39; 2P 3:5-7; Heb 11:7; 1P 3:20-21)?

4. ¿Qué detalles de Melquisedec en Génesis 14:18-20 y el Salmo 110 resultan significativos en lo concerniente al Mesías? ¿De qué manera Hebreos 7 conecta al Mesías con este antiguo rey sacerdote? ¿Qué tipo de obra sacerdotal hace Jesús por nosotros?

5. Se enumeran múltiples paralelos entre Moisés y Gedeón, y entre el éxodo de Egipto y la época de Gedeón. ¿Por qué el autor bíblico quiere que pensemos en Gedeón como un neomoisés? ¿Qué hace que la historia de Gedeón sea ideal para que Isaías la use cuando habla de la futura obra del Mesías (Is 9:1-7)?

6. Lee la promesa de Dios a David en 2 Samuel 7, especialmente los versículos 11-17. ¿Cómo se aplican estas palabras a Cristo? ¿Qué quiere decir Dios con «construir una casa» para David? ¿Quién o qué es esa casa?

7. Lee Miqueas 5:1-5. ¿Por qué fue importante que Jesús naciera en Belén? ¿Cómo encaja la vocación de pastor en esta profecía y cómo se conecta con la vida de David y el ministerio de Cristo?

8. Se dice que el Salmo 41 es una especie de descripción abreviada de «Cómo interpretar la Biblia». ¿Por qué? ¿De qué manera este salmo nos ayuda a interpretar otros salmos?

9. Compara 1 Samuel 21:10-15 con el Salmo 34. ¿De qué manera el evangelista Juan utiliza este salmo y este acontecimiento de la vida de David para hablar de la crucifixión y la resurrección de Jesús (Jn 19:36)?

10. ¿Qué otras figuras del AT, no tratadas en este capítulo, prefiguraron la persona y la obra de Jesús?

Capítulo 4
La génesis del apocalipsis:
La antigua creación, la nueva creación
y el Mesías

Durante trece años fui uno de esos camioneros tejanos que cambian de velocidades y consumen diésel. Aprendí a conducir un camión articulado por las estrechas y serpenteantes carreteras que van de un pozo de gas a otro. Más tarde, maniobré un Freightliner por las calles de San Antonio, haciendo entregas y recogidas en muelles. En aquellos años, trabajé con personas de todas las condiciones. Algunos ya acumulaban millones de kilómetros tras el volante. Otros, como yo, habían comenzado esta carrera tras dejar —o ser expulsados de— una anterior. Para llegar a fin de mes, varios conductores tenían una actividad paralela. Uno se dedicaba a la fotografía profesional de bodas y fiestas de quinceañeras. Otro criaba ganado en un rancho cercano. Y otro —este servidor— daba clases universitarias por las noches y escribía libros a altas horas de la madrugada. Creo que, de haber tenido la oportunidad —si nuestros trabajos secundarios hubieran pagado todas las facturas—, la mayoría habríamos entregado gustosamente las llaves del camión. Conducíamos a tiempo completo por necesidad, pero nuestro corazón vocacional estaba en otra parte.

Sospecho que muchos cristianos piensan (erróneamente) que, si Dios tiene un trabajo secundario, es la creación. Eso es lo que le gusta hacer. Esparcir nieve como lana sobre las vastas extensiones de la estepa siberiana. Decorar los cielos con los ardientes corazones de las estrellas. Crear las ágiles alas de los colibríes y estirar los cuellos de las jirafas hasta hacerlos alcanzar proporciones cómicas. De hecho, así es como conocemos a Dios por primera vez: martillando el firmamento, derramando océanos, haciendo que los peces naden y las aves vuelen. En sus propias palabras, su labor creativa fue «buena en gran manera» (Gn 1:31). Pareciera que le encanta llamar a la creación del mundo su «trabajo a tiempo completo».

Sin embargo, eso no duraría mucho. Tan pronto como Adán y Eva dieron el infame mordisco, el Señor de la creación cambió de profesión para convertirse —a tiempo completo— en el Señor de la redención. Rescatar, salvar, liberar; esos son los verbos que definen lo que lo mantiene ocupado en el mundo posterior al Edén. Aún mantiene, por supuesto, el motor de la creación ronroneando. Aún envía lluvia y nieve. Sigue haciendo que las cosechas crezcan y las aguas fluyan. Pero, desde Génesis 1-2, es más bien un trabajo de fin de semana —a tiempo parcial—. Por necesidad, trabaja a tiempo completo redimiendo pecadores caídos, pero su corazón vocacional sigue estando en la actividad paralela de la creación.

Es verdad que lo anterior es un poco caricaturesco. Pero tan solo un poco. Y, por desgracia, es solo una parte del problema. La cómplice delictual de esta idea errónea —y, yo diría, el error fundamental— es la visión de que la creación y la redención son dos actividades divinas completamente diferentes. No lo son. Cuando crea y cuando redime, Dios no cambia de sombrero ni de uniforme divino. De hecho, no deja de crear para empezar a redimir, ni deja de redimir para empezar a crear. *Cuando redime, se dedica a crear con gracia.* La salvación es una acción creativa. Por medio de su Palabra, hace que algo exista, pronunciando su voluntad, «verbalizando» el ser de aquello que desea. Tal como, por su Palabra, hizo existir los cielos y la tierra, por esa misma Palabra — Jesucristo—, en la redención, da existencia a una nueva vida, una nueva esperanza, y una nueva naturaleza para su pueblo caído. Por eso Pablo dice que «si alguno está en Cristo, es una nueva creación. ¡Lo viejo ha pasado, ha llegado ya lo nuevo!» (2Co 5:17 NVI). Esto «nuevo» es obra del mismo Dios que hizo lo «viejo». La obra del Mesías no se limita a perdonarnos o dejarnos entrar gratis al cielo, sino que realiza una completa re-génesis del mundo, incluyendo una re-génesis de nosotros.

Las raíces del evangelio de Jesús, por lo tanto, se remontan al primer capítulo de la Escritura. Tres de los cuatro evangelistas lo hacen evidente cuando, al inicio de sus evangelios, emplean un lenguaje similar al del AT (ve lo que hablamos anteriormente sobre la metalepsis [capítulo 1]). Las dos primeras palabras griegas de Mateo son *biblos geneseos*, que podrían traducirse literalmente como «el libro de la génesis de». Marcos, por su parte, abre su evangelio con la palabra *arjé* (principio), y Juan hace lo propio con *en arjé* (en el principio). Ambos se hacen eco de la Septuaginta, que traduce Génesis 1:1 como *en arjé*. Lucas también nos remite al Génesis, pero de una forma única. Al final de Lucas 3, y al principio de Lucas 4 (NVI), leemos: «... hijo de Adán, hijo de Dios. Jesús...». No obstante, teniendo en cuenta que el texto original de Lucas no tenía saltos de capítulos, versículos numerados, ni espacios entre las palabras —así se escribía el griego en aquella época—, podríamos españolizar el griego del final de Lucas 3:38 y el principio de 4:1 de la siguiente manera: «deAdándeDiosJesús». En otras palabras, Lucas termina su genealogía trazando el árbol genealógico de Jesús hasta Adán, el hijo de Dios, creado en Génesis 1. De este modo, cada uno a su manera, los cuatro evangelistas nos dicen: «Querido lector: si quieres entender quién es Jesús, debes comenzar por el Génesis y el relato de la creación divina». En otras palabras, Génesis 1 es el primer capítulo de la biografía de Cristo.

Sin embargo, no hace falta leer hasta el NT para darse cuenta de que la obra de salvación del Mesías es simultáneamente una obra de creación. Tal como en el capítulo anterior descubrimos cómo los profetas y los salmistas interpretaron las Escrituras anteriores sobre Noé, Melquisedec, Gedeón y David a la luz del Salvador venidero, ahora exploraremos cómo interpretaron Génesis 1-2 del mismo modo. Por ejemplo, en múltiples ocasiones Isaías utiliza la melodía de la creación para cantar el reino mesiánico. Ezequiel también utilizará las imágenes del Edén para describir la obra salvadora del Señor. El salmista, con destreza poética, mostrará cómo el éxodo —precursor de la obra del Mesías— está unido a la obra de creación. Y Salomón, en Proverbios, nos abrirá los ojos para ver cómo la primerísima palabra de la Biblia se refiere a Jesús. Vayamos primero allí.

La Sabiduría llamada «Principio»

En el capítulo 2, cuando mencionamos la variedad de formas en que el Hijo de Dios se manifestó a los israelitas, hablamos de la sabiduría (*kjokmá*) personificada, especialmente en Proverbios. Puesto que *kjokmá* es gramaticalmente femenino, la sabiduría se describe como una mujer. Ella convoca a los simples para que acudan a ella en busca de instrucción (1:20-33). En Proverbios 8, durante un largo soliloquio, la sabiduría describe su relación con el Creador y la creación: «El SEÑOR me poseyó al principio de Su camino, antes de Sus obras de tiempos pasados» (8:22). En este versículo hay dos detalles hebreos a tener en cuenta. En primer lugar, el verbo *caná* (poseyó) tiene probablemente la connotación de «engendró», pues los versículos siguientes utilizan otro verbo de natividad cuando dicen que la sabiduría fue «engendrada» por Dios (8:24-25). Y en segundo lugar, para suavizar la redacción, los traductores añaden la palabra «al», pero en el original hebreo no hay «al».

¿Por qué esto es importante? Quien habla es la sabiduría, o mejor dicho, la Sabiduría con mayúscula. Si tienes una de esas biblias que imprimen las palabras de Jesús en rojo, estos versículos de Proverbios 8 deberían ser rojos también. Son palabras del Hijo de Dios. Nos está diciendo que es engendrado por el Padre. Además, esto fue «antes que existiera el mundo» (8:23 NVI). Cuando nada había sido creado aún, él ya estaba allí. Pero ¿qué hacía el Hijo mientras el Padre formaba los mares y erigía montañas? La Sabiduría era el arquitecto de la creación, «[regocijándose] en el mundo, en Su tierra, y teniendo [sus] delicias con los hijos de los hombres» (8:30-31).

Centrados en esto, ¿qué vemos al releer Génesis 1? Vemos al Hijo del Padre, la Sabiduría, diciendo: «Sea la luz» (1:3), «Haya expansión»

(1:6), y «Hagamos al hombre a Nuestra imagen, conforme a Nuestra semejanza» (1:26). Y, mientras eso ocurre, no está simplemente de pie, como un supervisor con cara de piedra, casco y chaleco naranja en una obra cosmopolita. ¡Se ríe de placer! ¡Está encantado con su creación! Génesis 1, pese a toda su prosa sacerdotal y su estructura majestuosa, es un capítulo propio de una fiesta celestial en la que el vino fluye y los ángeles bailan.

En este versículo hay un aspecto más que se debe destacar. Cuando dice: «El SEÑOR me poseyó [—el] principio de Su camino», la palabra hebrea para «principio» es *reshit*. Este sustantivo, derivado de la palabra para «cabeza» (*rosh* [piensa en Rosh Hashaná, «la cabeza/el comienzo del año»]), aparece cincuenta y una veces en el AT. En particular, *reshit* es la primera palabra de la Biblia. Lo que nosotros traducimos con tres palabras, «en el principio», en hebreo es una sola: *bereshit*. Puesto que (1) Génesis 1 trata de la creación, (2) Proverbios 8 trata de la creación y la Sabiduría, y (3) el mismo sustantivo hebreo aparece en ambos lugares, los primeros escritos rabínicos se fijaron en este parentesco textual. Creyeron que la Sabiduría era la Torá, así que interpretaron Proverbios 8:22 como: «Por medio de la Sabiduría, es decir, la Torá, el Principio [*reshit*], Dios creó»[1]. Y por lo mismo, en paráfrasis arameas posteriores —conocidas como tárgumes—, los eruditos judíos interpretaron Génesis 1:1 como: «En el principio, por medio de la Sabiduría, Dios creó». En otras palabras, no interpretaron «principio» (*reshit*) como una designación de tiempo, sino como otro nombre para la Sabiduría o la Torá.

¿Y los cristianos? ¿Establecieron una conexión entre Proverbios 8 y Génesis 1? Sí, en el NT hay pruebas de que también los primeros seguidores de Jesús vieron el «principio» (*reshit*) no temporalmente —o no *solo* temporalmente—, sino como otro nombre para Cristo. En Apocalipsis, leemos: «Escribe al ángel de la iglesia en Laodicea: El Amén, el Testigo fiel y verdadero, el Principio de la creación de Dios, dice esto» (3:14). La palabra griega para «principio» es *arjé*, la misma que se utiliza para traducir Génesis 1:1. Jesús, hablando a través de Juan, parece estar sugiriendo esto: «Yo soy el *arjé* por medio del cual Dios creó». O, como

---

1. *Midrash Rabbah*, 1.

diría en hebreo: «Yo soy el *reshit* por medio del cual Dios creó». Él, la Sabiduría, *es el Principio*. Él es aquel en quien, mediante quien y por quien el Padre hizo todas las cosas. En este caso, podríamos parafrasear Génesis 1:1 de la siguiente manera: «En el Principio, es decir, en la Sabiduría que es el Hijo de Dios, el Padre hizo los cielos y la tierra». Así, desde la mismísima primera palabra de la Escritura, Cristo está en nuestros labios.

Isaías y el monte Edén

Más que cualquier otro profeta, Isaías predice la obra salvadora del Mesías llevándonos implícita o explícitamente a Génesis 1-2. Comencemos con un ejemplo que no es inmediatamente obvio. Isaías dice que «... en los postreros días, [...] el monte de la casa del Señor será establecido como cabeza de los montes. Se alzará sobre los collados, y confluirán a él todas las naciones» (2:2). No solo los israelitas, sino «muchos pueblos», dirán: «Vengan, subamos al monte del Señor, a la casa del Dios de Jacob, para que nos enseñe acerca de Sus caminos, y andemos en Sus sendas» (2:3). ¿Por qué? «Porque de Sión saldrá la ley [es decir, la Torá, la enseñanza divina], y de Jerusalén la palabra del Señor. Él juzgará entre las naciones, y hará decisiones por muchos pueblos. Forjarán sus espadas en rejas de arado, y sus lanzas en podaderas. No alzará espada nación contra nación, ni se adiestrarán más para la guerra» (2:3-4). En resumen, Isaías predice que en la era del Mesías habrá una afluencia mundial de peregrinos a la casa de Dios en respuesta a la proclamación de su palabra. En lenguaje del NT, cuando el pueblo de Dios vaya y haga discípulos de todas las naciones (Mt 28:18-20), la Iglesia de Cristo se llenará de gente de todo el mundo.

Pero ¿qué tiene que ver esto con la creación? Isaías describe la obra salvadora del Mesías como un regreso al Edén. En Génesis se dice que el Edén estaba «hacia el oriente» (2:8). Pero ¿estaba en un valle, en una llanura o en una montaña? Los escritos bíblicos posteriores elevan el Edén —o el nuevo Edén— a un paraíso de montaña. Ezequiel coloca «Edén [...] el huerto de Dios» en paralelo con «el santo monte de Dios» (28:13-14). También sitúa el templo del final de los tiempos, con su río similar al del Edén, «sobre un monte muy alto» (40:2). En Apocalipsis, Juan usa el río de Ezequiel como modelo para el suyo (22:1-2). Y cuando ve «la ciudad santa, Jerusalén, que descendía del cielo», Juan se encuentra en «un monte grande y alto» (Ap 21:10). El Edén, por tanto, era el *monte* Edén. Con el tiempo, por supuesto, la ciudad del templo fue Jerusalén, y el lugar de culto el monte Sión, pero Sión, el monte de la casa del Señor, no sustituyó al Edén. Más bien, Sión y el Edén simplemente se fusionaron en la mente de Israel. El monte del templo fue el lugar donde Dios habitó con su pueblo en un neoedén (más adelante desarrollaremos más ampliamente la idea de Edén=Sión).

Presta mucha atención al lenguaje que escoge Isaías. ¿De qué manera las naciones suben el monte, hasta la casa del Señor? No caminan ni corren; «fluyen» (*najar*), como cuando «Del Edén salía un río (*najar*) para regar el huerto» (Gn 2:10). Para subrayar que esto es una obra completamente divina, fluyen antigravitacionalmente *montaña arriba*. Además, tal como el único río del Edén «se dividía y se convertía en otros cuatro ríos» para regar el mundo (2:10), ahora las naciones del mundo entero se funden en un único río de personas que suben por esta montaña. Habiendo dejado atrás el derramamiento de sangre de un mundo caído (piensa en Caín y Abel), «Forjarán sus espadas en rejas de arado, y sus lanzas en podaderas» retomando la vocación agrícola de Adán en el paraíso (Is 2:4). Se trata de una repatriación de los hijos de Adán y Eva al monte Edén. Y todo ello sucede como resultado de la obra del Mesías, pues «todas las naciones vendrán y [lo] adorarán» (Ap 15:4). Mediante el uso de alusiones e imágenes de la creación, Isaías nos muestra cómo leer Génesis 2 a la luz de la obra de Cristo y su reino. La salvación es una re-creación.

Vayan y cuenten a Juan

Cuando Juan el Bautista estaba en la cárcel, envió a sus discípulos a preguntarle a Jesús: «¿Eres Tú el que ha de venir, o esperaremos a otro?» (Mt 11:2-3). Jesús les dijo: «Vayan y cuenten a Juan lo que oyen y ven: los ciegos reciben la vista y los cojos andan, los leprosos quedan limpios, los sordos oyen, los muertos son resucitados y a los pobres se les anuncia el evangelio. Y bienaventurado es el que no se escandaliza de Mí» (11:4-6).

Es una respuesta extraña, ¿no? Podría haber respondido simplemente: «Sí, soy yo».

Lo que Jesús hace, en cambio, es remitir a Juan a las Escrituras aludidas en su respuesta; concretamente, a Isaías 35. ¿Su mensaje? «Juan, quiero que hagas lo siguiente: compara mi obra restauradora de re-creación con lo que Isaías dice que el Ungido hará. Hazlo y eso contestará tu pregunta». Sigamos, entonces, esa pista, y revisemos Isaías nosotros mismos.

Isaías 34 y 35 deben leerse como una unidad. El primero trata de una des-génesis del mundo a causa del pecado; el segundo, de una re-génesis a causa del Mesías. Primero, las malas noticias. Las huestes celestiales se consumen (34:4), el polvo se convierte en azufre (34:9), las fortalezas se convierten en guaridas de animales salvajes (34:13). El mundo es un pueblo fantasma. En el principio, la creación estaba «sin orden [*toju*] y vacía [*bojú*]» (Gn 1:2); era un mundo de caos oscuro y anegado. Utilizando exactamente estas dos palabras hebreas, Isaías dice que «el cordel de desolación [*toju*]» y «la plomada del vacío [*bojú*]» se extenderán sobre la tierra (34:11). En una generación posterior, Jeremías se hará eco de Isaías, cuando Dios diga a través de él: «"Porque Mi pueblo es necio, no me conoce; hijos torpes son, no son inteligentes. Astutos son para hacer el mal, pero no saben hacer el bien". Miré a la tierra, y estaba sin orden [*toju*] y vacía [*bojú*]; y a los cielos, y no tenían luz [invirtiendo, así, Gn 1:3]» (Jer 4:22-23). La creación es rebobinada, por así decirlo, hasta donde estaba antes de que hubiera luz, antes de que hubiera humanidad, y antes de que algo fuera declarado «bueno» —o «muy bueno»—.

¿Ves lo que hacen Isaías y Jeremías? Describen los efectos de la rebelión humana en términos creacionales. El pecado tiene un impacto no solo en los individuos, las familias y las sociedades; su efecto es cósmico.

Pero si el pecado tiene efectos cósmicos, mucho más los tiene la salvación. En el capítulo siguiente, Isaías desarrolla la imaginería de una nueva creación; una nueva génesis de nuestro mundo roto. Los desiertos, lugares de aridez y muerte, florecerán y verán fluir arroyos (35:1, 6). Se les dará la gloria del monte Carmelo (35:2). En términos geográficos latinoamericanos, diríamos que el Desierto de Atacama se convierte en el Parque Nacional Tierra del Fuego. La humanidad también comparte esta vasta y bendita reversión. Las manos débiles, las rodillas debilitadas y los corazones ansiosos son consolados por el mensaje de que Dios viene a salvarlos (35:3-4). Y ¿qué señales habrá de que los viene a salvar? «Entonces se abrirán los ojos de los ciegos, y los oídos de los sordos se destaparán. El cojo entonces saltará como un ciervo, y la lengua del mudo gritará de júbilo» (35:5-6).

¿Oíste eso, Juan el Bautista? ¡Ahí tienes la respuesta de Jesús! Cuando veas a alguien revertir la ceguera, destapar los oídos sordos, sanar a los cojos, dar voz a los mudos —en resumen, deshacer los efectos físicos del impacto del pecado en la humanidad—, deberás saber que el Salvador enviado por Dios ha llegado. Es él; no busques otro. Jesús conducirá a los exiliados a casa, a Sión, por el «Camino de Santidad» (35:8).

Isaías 35 es un ejemplo primordial de cómo se predica el evangelio en el lenguaje y con el acento del AT. Probablemente todos nos hemos encontrado en situaciones en las que escuchamos a un orador que utiliza palabras o expresiones que no entendemos del todo, o cuyo fuerte acento dificulta la comunicación. Lo mismo suele ocurrir con los cristianos que leen el AT. Leen capítulos como Isaías 35, y aunque la belleza literaria del escrito los impresiona, no entienden realmente la totalidad de lo que el profeta quiere decir. Demanda tiempo. Demanda esfuerzo. Requiere que nos sentemos en casa de Isaías, escuchemos repetidamente lo que dice, y abramos los ojos y los oídos a lo que él y otros profetas predican. Con el tiempo, su acento nos parece menos extraño. Sus palabras dejan de pasar por encima de nuestras cabezas y comienzan a calar en nuestros corazones. Isaías nunca sonará como Pablo en Romanos o en Gálatas. Se comunica de forma diferente. Pero el mensaje básico es el mismo: Dios ha venido a salvarnos. Y ¿cómo será esta salvación? Será el ministerio de Jesús; la obra sanadora, resucitadora y recreadora del Mesías, introduciendo una nueva génesis de la creación. No va por ahí simplemente curando las almas de la gente. También arregla sus cuerpos, como un anticipo del modo en que arreglará y glorificará perfectamente nuestros cuerpos en la resurrección, cuando disfrutaremos de los cielos nuevos y la tierra nueva.

Cielos nuevos y tierra nueva

A propósito de los cielos nuevos y la tierra nueva, aunque muchos lectores de la Biblia están, probablemente, familiarizados con aquella frase gracias al NT (2P 3:13; Ap 21:1), la encontramos por primera vez en los últimos capítulos de Isaías (65:17; 66:22). El primero de los dos es un mensaje profético especialmente brillante, salpicado de alusiones sutiles y no tan sutiles a Génesis 1-2. De hecho, Isaías 65:17-25 podría considerarse el ejemplo más claro en el AT de cómo la obra de salvación del Mesías es una obra de re-creación.

Dios comienza haciendo una referencia obvia a Génesis 1, diciendo: «Por tanto, Yo creo [*bara*] cielos nuevos y una tierra nueva, y no serán recordadas las cosas primeras [*rishón*] ni vendrán a la memoria. Pero gócense y regocíjense para siempre en lo que Yo voy a crear [*bara*]; pues voy a crear [*bara*] a Jerusalén para regocijo, y a su pueblo para júbilo» (65:17-18). *Rishón* (cosas primeras) es una alusión a la primera palabra de la Biblia, *bereshit* (en el principio), ya que tanto *rishón* como *bereshit* están relacionadas con la palabra rosh (cabeza, primero, principio). Dios está diciendo: «Miren, el primer "principio", esas cosas primeras, quedarán eclipsadas por lo que voy a hacer». Las palabras hebreas para «cielos» y «tierra» son las mismas en Génesis e Isaías. Observa, también, la triple aparición de *bara* (crear). El sujeto de *bara* es siempre y exclusivamente Dios. Los seres humanos pueden hacer y construir cosas, pero no pueden «crear» —en el sentido hebreo—.

Sin embargo, el Señor está creando no solamente un cielo nuevo y una tierra nueva; también está creando Jerusalén. Así, Isaías pasa de la creación más amplia (cielo/tierra) a la creación más estrecha (Jerusalén). Este es el mismo movimiento que en Génesis, ya que la narración avanza desde la creación amplia de todo (Gn 1) hasta la creación estrecha del Edén (Gn 2). Juan, siempre imitando el AT, hace lo mismo en Apocalipsis al ver «un cielo nuevo y una tierra nueva» (Ap 21:1) seguidos inmediatamente por «la ciudad santa, la nueva Jerusalén» (21:2). Observa los paralelos:

Génesis 1-2	Isaías 65:17-18	Apocalipsis 21:1-2
Creación del cielo y la tierra	Cielo nuevo y tierra nueva	Cielo nuevo y tierra nueva
⇓	⇓	⇓
Creación del huerto del Edén	Creación de Jerusalén	Nueva Jerusalén

¿Qué implica esto? La Jerusalén nuevamente creada (Isaías) o la nueva Jerusalén (Apocalipsis) *es el nuevo Edén*. Allí, la creación será restaurada a una existencia como la de Génesis 2, solo que mejor, porque el mal será erradicado para siempre.

Dios, a través de Isaías, continúa esta promesa de restauración mesiánica con más alusiones y ecos de los primeros capítulos de Génesis. Cuando Caín mató a Abel, la «voz» (*col*) de la sangre de Abel clamó (*tsaac*) desde la tierra (Gn 4:10), pero en la nueva Jerusalén no habrá «voz [*col*] de clamor [*záac*]» (Is 65:19). En Génesis, el Señor advirtió a Adán que, si comía del fruto prohibido, moriría (2:17), pero en la Jerusalén semejante al Edén, «No habrá más allí niño que viva pocos días, ni anciano que no complete sus días. Porque el joven morirá a los cien años, y el que no alcance los cien años será considerado maldito» (Is 65:20). Esta es simplemente la forma poética en que Isaías afirma lo que Juan expresa más directamente: «ya no habrá muerte» (Ap 21:4). De hecho, Isaías dice que la gente vivirá tanto como los árboles: «Porque como los días de un árbol, así serán los días de Mi pueblo» (65:22). La Septuaginta, tal vez deseosa de asegurarse de que no pasemos por alto la conexión con Génesis, no dice simplemente «como los días de un árbol», sino ¡«como los días del árbol *de la vida*»!

Isaías alude también a la maternidad, la maldición y la serpiente. En Génesis, a Eva se le dijo «Con dolor darás a luz los hijos» (3:16), pero en esta nueva Jerusalén no «darán a luz para desgracia» (Is 65:23). La tierra fue maldecida por causa de Adán (Gn 3:17), pero en el nuevo Edén la descendencia serán «los benditos del SEÑOR» (Is 65:23). Pese a todas estas reversiones positivas en la ciudad venidera de Dios, un hecho permanecerá igual en la nueva Jerusalén: «para la serpiente el polvo será su alimento» (65:25), conforme a la maldición pronunciada por Dios en Génesis: «polvo comerás todos los días de tu vida» (Gn 3:14). Isaías completa esta visión beatífica de una ciudad semejante al Edén, diciendo: «El lobo y el cordero pastarán juntos, y el león, como el buey, comerá paja [...]. No harán mal ni dañarán en todo Mi santo monte» (65:25).

Es difícil imaginar un sermón más rico y texturado sobre la nueva génesis del mundo por parte del Mesías que el que leemos en Isaías 65.

La redención que él trae es un acto creativo de gracia, prefigurado ya en los dos primeros capítulos de la Biblia. Isaías describe su reino, en el que participamos de un modo que es «ahora-pero-no-todavía». *Ahora*, estando bautizados en Jesús, somos miembros de su reino y ciudadanos de la nueva Jerusalén. Sin embargo, *todavía no* lo experimentamos plenamente, por supuesto, porque esperamos el regreso de nuestro Señor, la resurrección de nuestros cuerpos y una vida de gozo y paz en la nueva creación.

Como el huerto del Señor

Hasta ahora, en las otras secciones de Isaías, el profeta ha hecho un guiño o insinuado fuertemente que el reino o la ciudad creada por la obra del Mesías será un nuevo Edén. Ahora pasaremos a dos textos, uno en Isaías y otro en Ezequiel, donde esto se afirma explícitamente. Lo que veremos en estos dos relatos, como hemos visto en los demás de este capítulo, suele denominarse la conexión entre «protología y escatología», que no es más que una forma erudita de designar la conexión entre «el estudio del principio y el fin de los tiempos». Los alemanes tienen una frase práctica para esto: *Endzeit gleicht Urzeit* (el tiempo final se parece al tiempo inicial). Podríamos decir: «Apocalipsis se parece mucho a Génesis». La historia del mundo cerrará, por así decirlo, el círculo que comenzó con la creación y el Edén. Jesús, el «último Adán» (1Co 15:45), ha venido para recapitular todas las cosas en sí mismo; para repetir, rehacer y recrear lo hecho anteriormente, pero a una escala mayor y eterna.

En Isaías 51, el profeta nos invita a recordar dos relatos del libro de Génesis: la historia de Adán y Eva en el Edén y la historia de Abraham y Sara en Israel. Aunque estos dos relatos podrían parecer historias muy diferentes, no lo son. Como explica Peter Leithart, «la tierra de Israel va a ser un nuevo Edén, una tierra que mana leche y miel. Y dentro de la tierra, Israel va a construir un nuevo huerto, el templo, la casa de Dios. No es casualidad que Abram haya llegado a la tierra desde Ur, una ciudad pagana ubicada al este. Viajando desde Ur hacia el oeste, Abram está regresando al huerto»[2]. Aunque Dios comenzó con los jóvenes Adán y Eva

---

2. Peter Leithart, *A House for My Name: A Survey of the Old Testament* (Moscow, ID: Canon, 2000), 53-54.

en el Edén, comenzará de nuevo con los ancianos Abraham y Sara en Israel.

¿Qué dice Isaías? «"Escúchenme, ustedes que siguen la justicia, los que buscan al Señor. Miren la roca de donde fueron tallados, y la cantera de donde fueron extraídos. Miren a Abraham, su padre, y a Sara, que los dio a luz. Cuando él era uno solo lo llamé, y lo bendije y lo multipliqué". Ciertamente el Señor consolará a Sión, consolará todos sus lugares desolados. Convertirá su desierto en Edén, y sus lugares desolados en huerto del Señor. Gozo y alegría se encontrarán en ella, acciones de gracias y voces de alabanza» (51:1-3).

«Roca» y «cantera» son metáforas adecuadas para Abraham y Sara en relación con la reproducción. Estos objetos y fuentes de piedra inanimados no son los lugares a los que uno iría en busca de vida. Las rocas y canteras están muertas como piedra. Del mismo modo, el cuerpo de Abraham —como dice Pablo, con total naturalidad— «ya estaba como muerto» (Ro 4:19), igual que el vientre de Sara, de noventa años. Cuando Isaías dice: «Miren a Abraham, su padre, y a Sara, que los dio a luz» (51:2), está diciendo: «Recuerden que, de Abraham, roca muerta, y de Sara, cantera muerta, Dios dio a luz a Isaac como una fuente de risa para todos». De la muerte, el Señor engendró vida. De la aparente desesperanza, surgió la esperanza. Todo esto sucedió porque el Señor llamó, bendijo y multiplicó a Abraham. Con su palabra, Dios revirtió lo aparentemente irreversible.

Esta gracia vivificante, evidente en el vientre abultado de la anciana Sara, es el fundamento de la esperanza de Israel en la agonía de su propia desesperación. ¿Qué ve Israel? Nada bueno: «lugares desolados» y «desierto». Son imágenes bíblicas habituales de escasez y muerte. De hecho, la palabra hebrea *kjorbbá*, traducida aquí como «lugares desolados», se traduce comúnmente como «lugar de ruinas». No obstante, ¿qué hará Dios con este lugar sin vida? Tal como «el Señor Dios plantó un huerto [...] en Edén» y puso allí al hombre (Gn 2:8), así «Convertirá [el] desierto [de Israel] en Edén, y sus lugares desolados en huerto del Señor» (IS 51:3). Tomará su obra de Génesis 2 y la llevará al futuro de Israel. Al hacerlo, llevará a cabo lo que planeó para Adán y Eva, así como para Abraham y Sara: establecerá este reino en la Simiente prometida que será una bendición para todas las naciones (Gn 3:15; 12:1-3).

Isaías 51 es, en última instancia, una historia de resurrección; un preámbulo de la victoria del Mesías sobre la muerte, con sus íconos de desierto y lugares desolados. Pablo utilizó el embarazo de Abraham y Sara, obra de Dios, como ilustración de la resurrección de Jesús. El Dios «que da vida a los muertos y llama a las cosas que no son, como si fueran» (Ro 4:17) no solo creó vida en el vientre sepulcral de Sara, sino que además «levantó de los muertos a Jesús nuestro Señor» (4:24). Isaías ya había preparado el terreno para que Pablo expusiera su serie de duplas roca/cantera, Abraham/Sara y Edén/huerto. Mientras el profeta fortaleció la esperanza de Israel con imágenes del Edén, el apóstol hizo lo mismo con el hecho de la resurrección. A los pasajes de Isaías que ya hemos explorado, podemos añadir ciertamente 51:1-4 como otro ejemplo de la manera en que el AT predijo un «evangelio de creación» enraizado en la obra vivificadora del Mesías.

Ezequiel y el nuevo huerto del Edén

Hemos pasado la mayor parte de este capítulo escuchando a Isaías, pero su voz no es la única que canta esta melodía mesiánica de una nueva génesis. Ezequiel, que vivió después de Isaías, también toma el micrófono. Demos un vistazo a un par de secciones diferentes de su obra.

Ezequiel 34 es para el AT lo que Juan 10 es para el NT: el capítulo del buen pastor. Ezequiel describe tanto a los malos pastores (es decir, los líderes y maestros impíos), que han hecho daño al pueblo de Dios, como al buen pastor que ha de venir. Este buen pastor es no solo Dios mismo (34:11-16), sino también un pastor que Dios pondrá al frente de su pueblo. Como dice el Señor por medio de Ezequiel: «Entonces pondré sobre ellas un solo pastor que las apacentará: Mi siervo David. Él las apacentará y será su pastor. Entonces Yo, el SEÑOR, seré su Dios, y Mi siervo David será príncipe en medio de ellas. Yo, el SEÑOR, he hablado» (34:23-24). Como ya dijimos en el capítulo 3, este «David» es el Hijo de David, el Mesías, cuya vida se asemeja tanto a la de ese rey de Israel que se le da su nombre.

Lo que nos interesa ahora, de manera especial, es lo que sigue a ese anuncio. A la llegada de este pastor, Dios hará un «pacto de paz con ellos y [eliminará] de la tierra las bestias feroces, para que habiten seguros en el desierto y duerman en los bosques» (34:25). Caerán lluvias y los árboles darán fruto (34:26-27). Israel ya no será presa de las naciones ni de las fieras de la tierra (34:28). Tampoco pasarán hambre (34:29). ¿Por qué? Porque, Dios dice: «Ustedes, ovejas Mías, son el rebaño de Mi prado, hombres son, y Yo soy su Dios» (34:31). Este reino mesiánico bajo el rey-pastor David se describe, pues, en términos típicos del AT, no del NT. Las figuras son pastorales, rurales, terrenales, no abstractas. En otras palabras, son extraídas del catálogo de la creación y de los primeros capítulos del Génesis.

Más adelante, Ezequiel volverá a describir este reino, solo que esta vez con un recuerdo específico del Edén. Dios reunirá de entre las naciones a su pueblo disperso, lo rociará con agua para limpiarlo de la idolatría, pondrá en él corazones nuevos y le concederá su Espíritu (36:24-27). Después de ello, transformará su tierra. Habrá trigo en abundancia (36:29). El fruto de los árboles aumentará (36:30). Se reconstruirán las ciudades y los lugares asolados (36:33). Luego dice: «La tierra desolada será cultivada en vez de ser desolación a la vista de todo el que pasa. Y dirán: "Esta tierra desolada se ha hecho como el huerto del Edén; y las ciudades desiertas, desoladas y arruinadas están fortificadas y habitadas". Y las naciones que quedan a su alrededor sabrán que Yo, el SEÑOR, he reedificado los lugares en ruinas y plantado lo que estaba desolado. Yo, el SEÑOR, he hablado y lo haré» (36:34-36).

Tanto el pueblo como la tierra serán renovados cuando venga el Mesías. Él hará que su pueblo viva un nuevo éxodo, desde las tierras lejanas a las que ha sido desterrado (ve el capítulo 5 para más información sobre este tema del exilio y el retorno). El verbo «rociar» (*zarac*) está profundamente relacionado con el ritual del templo, especialmente con la aspersión de sangre. Aquí actúa como un rito de purificación que lava la mancha de la idolatría tal como el bautismo lava toda nuestra impureza con la sangre de Cristo. Por medio de este lavamiento, volvemos a entrar en la tierra sagrada de Dios, llenos de su Espíritu, con un corazón de carne (no de piedra) deseoso de escuchar y hacer la voluntad del Señor. Y la tierra sagrada en la que entramos está libre de peligros, llena de frutos y reformada para ser «como el huerto del Edén» (36:35). Ezequiel quiere asegurarse de que entendamos lo que está comunicando: este regreso al hogar es la inversión de Génesis, cuando Adán y Eva fueron expulsados del huerto (Gn 3:24). Esto es hecho posible por la llegada de «David», Jesús el Mesías, quien, como buen pastor, «[da su] vida por las ovejas» (Jn 10:15) y al tercer día la toma de nuevo (10:17-18) para poder apacentarnos en el reino que es «como el huerto del Edén».

La creación y el éxodo

En el pasaje de Ezequiel que acabamos de leer, el profeta entreteje a la perfección los dos temas en los que se centra este capítulo: la creación y la redención. O, para decirlo con más precisión, la naturaleza creativa de la redención y la naturaleza redentora de la creación. Lo que queremos decir —para subrayarlo una vez más— es que, cuando Dios comienza a redimir, no deja de trabajar como creador para entrar en su trabajo de redentor. El hecho de que él salve, rescate, perdone, limpie o resucite *le significa precisamente actuar como creador* —es decir, aquel que, por su Palabra, dispone dar y da vida a la humanidad—. No obstante, Ezequiel se centró en una forma particular en la que Dios redime creativamente: sacando a su pueblo del exilio. Como dijo Dios por medio de él: «Porque los tomaré de las naciones, los recogeré de todas las tierras y los llevaré a su propia tierra» (Ez 36:24). Pasaremos todo el próximo capítulo desarrollando este tema con diversos ejemplos de las Escrituras. Lo importante, aquí, es señalar que, en el AT, la creación y el exilio/éxodo están inextricablemente interconectados. Son como dos arbustos que crecen lado a lado, con sus ramas y hojas tan entrelazadas que es imposible decir dónde termina uno y empieza el otro.

Los Salmos 135-136 ilustran muy bien este vínculo entre la creación y el éxodo. Ambos salmos son muy similares en estructura y contenido. El Salmo 135 comienza llamando a los siervos del Señor a alabarlo porque es bueno, porque su nombre es agradable y porque ha elegido a Israel como su *segulá* (135:1-4). *Segulá*, que suele traducirse como «posesión propia» o «posesión preciada», significa algo así como «propiedad personal». La plata y el oro de David o Salomón, por ejemplo, se llaman su *segulá* (1Cr 29:3; Ec 2:8). Esta es la palabra que se utiliza en Éxodo, cuando el Señor le dice a Israel: «Ahora pues, si en verdad escuchan Mi voz y guardan Mi pacto, serán Mi especial tesoro [*segulá*] entre todos los pueblos, porque Mía es toda la tierra» (19:5; *cf.* Dt 7:6; 14:2; 26:18). Estos versículos iniciales, por tanto, acentúan el derecho redentor de Dios sobre Israel, expresado durante los acontecimientos del éxodo. A continuación, el salmo pasa súbitamente a hablar de la creación: Dios hace todo lo que le place; hace subir las nubes, despide relámpagos y libera el viento de sus depósitos (135:5-7). Luego, de manera igualmente abrupta, el poema regresa a la historia del éxodo, cuando Dios derrota al Faraón y a otros reyes para conducir a Israel a la tierra prometida (135:8-12). El resto del salmo censura a los ídolos por ser inútiles y concluye llamando a alabar al Señor que «mora en Jerusalén» (135:13-21). En un momento discutiremos la importancia de estos zigzagueos entre el éxodo y la creación, pero primero veamos el salmo que lo sigue.

El Salmo 136 es conocido especialmente por su estribillo «Porque para siempre es Su misericordia», que forma la segunda mitad de cada versículo. Pero ¿por qué alabamos a Dios? En la primera sección, lo alabamos por ser el Dios de dioses que hace maravillas, que hizo los cielos, la tierra, la luna y las estrellas (136:1-9). En otras palabras, los acontecimientos de Génesis 1 son el motor de este aleluya continuo. Luego, al igual que en el Salmo 135, pasamos abruptamente del Dios que hizo «La luna y las estrellas para que reinen de noche» al «que hirió a Egipto en sus primogénitos» (136:9-10). No hay interludio musical. No hay *Selah*. Saltamos de Génesis 1 a Éxodo 12 sin perder el ritmo. Luego de varios versículos que relatan las hazañas de Dios en favor de Israel en Egipto y en otros lugares, el salmo concluye de esta extraordinaria manera:

> El que se acordó de nosotros en nuestra humillación,
> Porque para siempre es Su misericordia,
> Y *nos rescató de nuestros adversarios*,

Porque para siempre es Su misericordia.
El que da sustento a toda carne,
Porque para siempre es Su misericordia.
Den gracias al Dios del cielo,
Porque para siempre es Su misericordia (136:23-26).

Las dos líneas en cursiva resumen perfectamente el doble enfoque de este salmo. Se alaba a Dios porque «nos rescató» (redentor) y «da sustento a toda carne» (creador).

Estos movimientos repentinos en los Salmos 135-136 —del éxodo a la creación, y luego, de vuelta al éxodo— pueden parecernos abruptos e inconexos, pero no lo son en la mente de un israelita. ¿Por qué? Porque el que redime es el creador. El hecho de que despida relámpagos y de que libere el viento demuestra que es el dueño de la creación, y que actuará para rescatar a su pueblo en y a través de la creación. Que dé alimento a toda carne demuestra que, además, nos rescatará de todo peligro. No se trata de un poder deísta (muy, muy lejano), una divinidad epicúrea (ajena a este mundo) o un demiurgo gnóstico (disgustado con la creación material y loco por las cosas «espirituales»). No, es el Dios que, por medio de la Sabiduría, su Palabra, su Hijo, hizo los cielos y la tierra. En ese acto, demuestra, por toda la eternidad, que le gusta crear *ex nihilo* (de la nada). Y en el caso de Israel, el *nihilo* de ellos fue su exilio y esclavitud en Egipto. No tenían nada que ofrecer. No tenían nada que aportar. En otras palabras, se encontraban en la posición ideal para que Dios, actuando como su creador, hiciera realidad su liberación.

¿Por qué esto es tan importante? ¿Por qué hago tanto hincapié en la naturaleza creacional de la redención y en la naturaleza redentora de la creación? Porque esto nos lleva al corazón mismo del evangelio de Cristo. Jesús no vino para rescatarnos de la creación. No bajó del cielo para salvarnos de una existencia corporal burda y repugnante, o hacernos espíritus libres inafectados por estos «sacos de carne y sangre» que vestimos. Jesús tampoco rechazó los elementos de la creación como si, de alguna manera, estuvieran por debajo de él. No formó una comunidad de espiritualistas que rechazan el mundo ocupándose solo del alma y no del cuerpo.

Por el contrario, pasó voluntaria y alegremente cuarenta semanas nadando en líquido amniótico, y luego entró en este mundo para beber del pecho de su madre, defecar, llorar, gatear y dar sus primeros pasos vacilantes. Dios comió nuestra comida. Bebió nuestra bebida. Durmió en nuestro suelo. Se clavó astillas carpinteando, destripó un pez y puso saliva en la lengua de un hombre para curarlo. Finalmente, se desangró por sus heridas estando sujeto a un aparato de tortura romano, su cuerpo se puso frío y gris en una tumba prestada, y tres días después estalló de vida. Todo esto lo hizo como un ser humano, muy a gusto en su cuerpo, muy a gusto en la tierra que había hecho. Además, no está ausente. Reina, como Dios y como hombre, sobre esta creación, más cerca de nosotros que nuestra propia piel. Y a través de las materias primas de esta creación, como el agua, el pan y el vino, nos lava, nos alimenta y nos da a beber de la materialidad de la redención. Y cuando la trompeta final suene, volverá para hacer cielos nuevos y una tierra nueva. No nos llevará a un centro vacacional de almas, en otra dimensión, para que nos liberemos de la denominada «cáscara» de nuestro cuerpo. ¡No! Nos dará cuerpos glorificados. Disfrutaremos de la vida en una nueva creación como seres humanos plenamente físicos y perfectamente formados. Entonces, boquiabiertos y con corazones encendidos de alegría, veremos las visiones de Isaías y Ezequiel desplegadas plenamente ante nuestros ojos.

Por eso no debemos entender la redención y la creación como categorías separadas, sino simplemente como dos formas de ver la misma realidad: el evangelio de Jesús. Y ahora, sin más preámbulos, volteemos la página para ver cómo la llegada de Cristo es prefigurada y anunciada por las narraciones del exilio y del retorno.

Preguntas para discusión

1. ¿Qué significa la frase «Cuando el Señor redime, se dedica a crear con gracia»? ¿Por qué solemos hacer una separación entre las acciones creativas de Dios y sus acciones redentoras? ¿En qué se parece la salvación a la creación?

2. ¿De qué manera Mateo, Marcos, Lucas y Juan, cada uno a su manera, sugieren que sus Evangelios están escritos pensando en Génesis 1?

3. Si el «principio» de Génesis 1:1 se entiende como una referencia a la Sabiduría de Proverbios 8:22, ¿cómo influye esto en nuestra comprensión de la creación? ¿De qué manera el NT, especialmente Apocalipsis 3:14, proporciona más pruebas de que Jesús es el Principio por medio del cual el Padre creó todas las cosas?

4. ¿Qué evidencia nos da Isaías 2:1-5 de que el profeta quiere que pensemos en Génesis 1-2? ¿Cómo cambia nuestra visión del Edén al darnos cuenta de que era un monte? Discute la forma en que Isaías describe un regreso mundial al Edén y la manera en que eso informa la predicación y la evangelización por parte de la Iglesia.

5. ¿Cómo describe el profeta Isaías (caps. 34-35) los efectos cósmicos tanto del pecado como de la salvación? ¿Qué palabras específicas utiliza para conectar sus escritos con el Génesis? ¿Cómo nos ayudan las palabras de Isaías a entender mejor la obra restauradora de Jesús y su ministerio?

6. ¿Cuál es el patrón que se repite en Génesis 1-2, Isaías 65:17-18 y Apocalipsis 21:1-2? ¿Cuáles son las implicaciones de esto y cómo enriquece nuestra visión de Jerusalén?

7. Repasa las numerosas alusiones a Génesis 1-3 en Isaías 65:17-25. ¿Qué nos muestra esto sobre la forma en que los profetas interpretaban la creación? ¿Y sobre cómo imaginaban la salvación?

8. ¿De qué manera Isaías 51:1-3 es una «historia de resurrección»? Discute cómo la historia de Abraham y Sara es una historia de esperanza para el pueblo de Dios.

9. En Ezequiel 34 y 36, el profeta desarrolla la imaginería de Dios y del Mesías davídico como un pastor. ¿Qué relación tiene

esta labor de pastoreo con la creación y el Génesis? ¿En qué
se parecerá el reino del Mesías al huerto del Edén? ¿De qué
manera esto arroja más luz sobre Juan 10:14-18?

10. ¿De qué manera los Salmos 135-136 entrelazan la creación y el
éxodo? ¿De qué manera la naturaleza creacional de la redención
y la naturaleza redentora de la creación iluminan la obra de
Jesús? Discute cómo esto encaja con su encarnación, bautismo,
resurrección y promesa de cielos nuevos y tierra nueva.

Capítulo 5
Éxodos:
El exilio y el retorno
como la misión mesiánica

Si eres nuevo en el cristianismo y acabas de empezar a recorrer la Biblia, puede parecerte extraño cuando abres el NT. Allí descubres no uno, ni dos, ni tres, sino cuatro libros enteros dedicados a narrar la vida de Jesús. Parece un poco excesivo, ¿verdad? ¿Por qué no tener un solo Evangelio, extenso y muy detallado, que cuente toda la historia, sin lagunas, de principio a fin? ¿O dos, como máximo? ¿Era realmente necesario que Mateo, Marcos, Lucas y Juan nos contaran, cada uno a su manera, la vida del Mesías?

Por supuesto, nunca se nos dice *por qué* hay cuatro evangelios. Pero tengo la impresión de que una de las razones por las que el Espíritu ordenó providencialmente este cuádruple testimonio fue el deseo de inculcarnos que ningún narrador, en un solo relato, desde una sola perspectiva, podría hacer plena justicia a la naturaleza expansiva de esta buena noticia. Se necesitan los cuatro. Cada evangelista tiene su propia perspectiva. Cada uno tiene su propio enfoque literario. Y solo cuando leemos todos los evangelios, individualmente y en conjunto, podemos comenzar a apreciar la longitud y la anchura, la altura y la profundidad, del amor de Dios por nosotros en Jesucristo.

Lo mismo ocurre con la buena noticia que estos evangelios proclaman. ¿Qué es el evangelio? ¿Es el perdón de los pecados? Sí. ¿Es la promesa de un lugar con Cristo en el paraíso? Sí. ¿Es ser lavados de nuestra vergüenza? Sí. ¿Es ser rescatados de la muerte y del diablo? Sí. ¿Es la comunión con el Padre, el Hijo y el Espíritu Santo? Sí, eso también. La buena noticia de Cristo es *tan buena*, rica y multifacética, que no puede agotarse utilizando una sola expresión o mencionando un solo regalo. Siempre se puede aprender más. Tal como un marido y una mujer que llevan más de cincuenta años casados tienen una larga historia de muestras de amor mutuas, grandes y pequeñas, ordinarias y extraordinarias, el novio de la Iglesia tiene una cantidad aparentemente ilimitada de formas de mostrarnos la rica y hermosa textura de su amor por nosotros.

Sin embargo, en la Iglesia hay una tendencia a tomar esta rica y hermosa expresión del amor divino en el evangelio y reducirla a una sola de sus muchas facetas. Para algunos, esa faceta puede ser el perdón; para otros, la libertad; y para otros, el cielo. Eso es como estar en la Capilla Sixtina, mirar hacia arriba y pretender que todo el cielo raso muestra solo la mano de Dios extendida hacia Adán. Sin duda, esa escena es una obra maestra impresionante. Eso no se discute. Pero hay más cosas que ver. Hay una vasta obra de arte extendida delante de nuestros ojos. Lo mismo sucede con el «cielo raso» del evangelio. El artista divino ha pintado una obra compleja y multifacética de vida, rescate, salvación, resurrección y re-creación en el Mesías.

Una forma de asegurarnos de no padecer miopía en lo que respecta al evangelio —estar centrados en un solo aspecto de la obra del Mesías—, es muy sencilla: leer más la Biblia que leyó Jesús. Cuando Jesús enseñaba sobre el reino de Dios, lo hacía usando el Éxodo, los Salmos, Isaías. Estos relatos de esclavitud y liberación, muerte y vida, exilio y retorno, dieron forma a los corazones y las mentes de los israelitas. Por supuesto, durante el ministerio de Cristo, Romanos aún no se había escrito, pero Deuteronomio sí. Efesios no se escribiría hasta dentro de varios años, pero Josué existía desde hacía siglos. Los libros de la Torá, los Profetas y los Escritos —el Tanaj— constituyen la larga historia de la salvación que el rabino Jesús enseñó a sus seguidores. Y estos son los libros a los que debemos volver, una y otra vez, si queremos asimilar el amplio panorama de la gracia que el evangelio despliega ante nuestros ojos.

Al hacerlo, un tema particular que surgirá una y otra vez es el exilio y el retorno. Como dicen Roberts y Wilson, las Escrituras tratan de «un éxodo cósmico, que se extiende desde el Edén hasta la nueva Jerusalén»[1]. Adán y Eva son desterrados del Edén. Abraham y Sara son exiliados a Egipto. Israel también irá a Egipto, y más tarde, a Babilonia. Jacob, Noemí, David y otros sufren sus propios exilios. Individuos, familias y naciones son desarraigados, residen por un tiempo en suelo extranjero y finalmente son repatriados a su tierra natal.

Todos estos acontecimientos —especialmente el exilio de Israel a Egipto y su regreso— son la base sobre la cual los profetas construyeron un mensaje recurrente de esperanza para Israel y las naciones. Isaías, Jeremías, Oseas y todos los demás profetas están de acuerdo: Dios tiene el plan radical de llevar a cabo un éxodo que superará a todos los demás. El «éxodo cósmico» será obra del Mesías, que reunirá al pueblo de Dios disperso y lo llevará nuevamente a casa.

Esto se nos confirma en una conversación que ocurre en la cima del monte de la Transfiguración. Jesús, Moisés y Elías dialogan sobre la inminente «partida» que Cristo estaba a punto de llevar a cabo en Jerusalén (Lc 9:31). Pero no estaban hablando de que simplemente se iría, partiendo y despidiéndose del mundo. Más bien, la palabra griega traducida como «partida» es *éxodo*. Su éxodo salvador tendría lugar en la ciudad santa, donde, en la cruz, «[atraería] a todos a [sí] mismo» (Jn 12:32), llevaría a toda la humanidad consigo a la muerte y al sepulcro, y resucitaría a toda la humanidad por sí mismo. Los acontecimientos culminantes de la historia del mundo —el Viernes Santo, el Sábado Santo y la Resurrección— son el éxodo que Dios nos provee en el evangelio.

El primer éxodo: Abram y Sarai

En el capítulo 3 introdujimos la frase rabínica *maasé avot simán lavanim* —es decir, «las acciones de los padres son una señal para los hijos»—.

---

1. Alastair J. Roberts y Andrew Wilson, *Echoes of Exodus: Tracing Themes of Redemption Through Scripture* (Wheaton, IL: Crossway, 2018), 151.

Los padres —los patriarcas— son paradigmas cuyas vidas establecen la norma o el patrón que se repetirá en las generaciones futuras. Señalé, de pasada, que el ejemplo clásico es el miniéxodo de Egipto experimentado por Abram y Sarai en Génesis 12. Analicemos ahora esa historia con más detenimiento, y mientras lo hacemos, observemos la interacción entre las dos narraciones —de Génesis y Éxodo—.

Tan pronto como Abram y Sarai ponen el pie en la tierra prometida, y viajan a través de ella hacia el sur, el hambre los vuelve a poner en camino: «Pero hubo hambre en el país, y Abram descendió a Egipto para pasar allí un tiempo, porque el hambre era severa en aquella tierra» (12:10). Esta es la primera conexión entre Abraham e Israel. Otra hambruna hará también que los bisnietos de Abraham hagan el primero de varios viajes a Egipto y finalmente permanezcan allí como residentes temporales (41:57-42:3).

La siguiente conexión Abraham/Israel tiene que ver con caras bonitas y un aspecto atractivo. Puesto que Sarai es «de hermoso parecer», Abram le pide que mienta; que diga que son hermanos en lugar de cónyuges (12:11-13). Sarai accede, pero el plan falla. Al ver que es bella, los oficiales de Faraón la llevan a la casa del rey, probablemente para que forme parte de su harén. Pese a esto, Abram se enriquece con su «hermana», pues Faraón lo «trató bien», dándole «ovejas, vacas, asnos, siervos, siervas, asnas y camellos» (12:14-16). Dejando a un lado la naturaleza más bien desagradable e interesada de este fiasco de telenovela, sigue proporcionándonos otro paralelo con el Israel posterior. Las palabras hebreas *yafé* (guapa/hermosa) y *maré* (apariencia) se utilizan para describir no solo a Sarai (12:11), sino también a su bisnieto, José (39:6). Ambos fueron llevados a la casa del Faraón, y ambos motivaron al rey a ser muy generoso. Abraham se enriqueció, y a Jacob se le permitió establecerse en Gosén, la tierra más rica de Egipto (47:6, 11).

Pero, por supuesto, en ambos escenarios, lo que empezó con belleza acabó con fealdad. A Dios no le hizo ninguna gracia que el Faraón se fuera con la mujer de Abram, ni tampoco le agradó que otro Faraón pusiera a Israel, su propia novia, en esclavitud. Por eso, en ambos relatos, Dios sacó la artillería pesada; lanzó plagas sobre el Faraón (Gn 12:17;

Éx 7-12). Además, en ambos casos, las plagas surtieron efecto, ¡aunque el rey con el que trató Moisés aprendió mucho más lentamente que el de la época de Abram!

Una última conexión entre los dos éxodos es lo que ambos reyes declaran, llamando a sus respectivas contrapartes a salir de Egipto:

> Entonces Faraón llamó a Abram, y le dijo: «¿Qué es esto que me has hecho? ¿Por qué no me avisaste que era tu mujer? ¿Por qué dijiste: "Es mi hermana", de manera que la tomé por mujer? Ahora pues, aquí está tu mujer, tómala y *vete*». (Gn 12:18-19; cursivas mías)

> Entonces Faraón llamó a Moisés y a Aarón aún de noche, y dijo: «Levántense y salgan de entre mi pueblo, ustedes y los israelitas. *Vayan* y adoren al Señor, como han dicho. Tomen también sus ovejas y sus vacas, como han dicho, y váyanse, y bendíganme también a mí» (Éx 12:31-32; cursivas mías).

Las tres órdenes en cursiva, en ambos contextos, «vete», «vayan» y «váyanse», son todas formas imperativas del verbo *jalak*.

Así vemos, aquí, cómo «las acciones de los padres son una señal para los hijos». La estructura general del éxodo de Abram se convierte en el arquetipo del éxodo de Israel.

	Abram y Sarai	Israel
Hambruna	Gn 12:10	Gn 41:57-42:1-3
Buena apariencia	Gn 12:11 (Sarai)	Gn 39:6 (José)
Plagas	Gn 12:17	Éx 7-12
Orden de partir	Gn 12:18-19	Éx 12:31-32

Más tarde, el Señor le diría explícitamente a Abram que Israel experimentaría exilio, cuatrocientos años de opresión y esclavitud, y finalmente liberación (Gn 15:13-16). Pero ya en Génesis 12, el patriarca y la matriarca de Israel estaban, sin saberlo, participando en una especie de representación profética de esa promesa futura.

Habiendo cubierto esa importante narración, demos ahora un paso atrás para tener una perspectiva más panorámica. Mira hacia atrás. Mira hacia adelante. Piensa en las Escrituras desde Génesis hasta Josué. ¿Qué otros relatos de exilio/retorno te llaman la atención? Tenemos que evaluarlos antes de pasar de la Torá a los profetas. ¿Qué encontramos en la lista?

Adán y Eva: El primer exilio ocurre cuando Dios expulsa a Adán y Eva del huerto del Edén. Dios «Expulsó [*garash*] al hombre» (Gn 3:24). El verbo *garash* se utilizará más tarde, en múltiples ocasiones, para describir cómo el Señor «echó» a los cananeos de la tierra prometida para que Israel pudiera establecerse allí (p. ej., Éx 23:28-30; 33:2; Jos 24:18). Israel fue una versión colectiva de Adán y Eva, que regresó del exilio en Egipto para establecerse en el nuevo Edén «que mana leche y miel» (Jos 5:6).

Jacob: Huyendo por su vida, escapando de la ira de Esaú, Jacob «salió de Beerseba, y fue para Harán» (Gn 28:10). Este exilio autoimpuesto, que su madre pensó que duraría solo «algunos días» (27:44), se prolongó, en realidad, por veinte años. Allí, Jacob se enfrentó a su propio personaje «tipo Faraón», Labán, el cual mintió, defraudó y prácticamente esclavizó a Jacob hasta que este finalmente se retiró a su patria. Al igual que Israel en su salida de Egipto, Jacob partió como un hombre rico, cargado con las posesiones que habían pertenecido a Labán (30:43-31:1). Y tal como Israel, al regresar, cruzaría dramáticamente un río, Jacob tuvo su dramática lucha con Dios en el río Jaboc la noche antes de llegar a su tierra natal (32:22-32).

Israel bajo Moisés: El relato de la liberación de Israel de Egipto es bien conocido, así que no necesitaremos detenernos para describir lo sucedido. Subrayemos el hecho de que este no fue «un» sino «el» momento decisivo para Israel. Podría decirse que, para ellos, «el Señor nos sacó de la tierra de Egipto» tuvo la misma gran importancia teológica que tiene para los cristianos «Jesús fue crucificado y resucitó por nosotros». Y, como ya hemos insinuado, teológicamente ambas confesiones comunican la misma verdad: la crucifixión y la resurrección de Cristo serán un éxodo.

Israel bajo Josué: Sería un descuido de nuestra parte no mencionar que Israel experimentó una especie de doble éxodo: primero bajo Moisés, y luego bajo Josué. Con Moisés salieron de Egipto y cruzaron el mar Rojo por «tierra seca» (Éx 14:21) mientras las aguas estaban recogidas «en un montón» (15:8). Con Josué, igualmente, salieron del desierto y cruzaron el río Jordán «en tierra seca» (Jos 3:17) con las aguas paradas «en un montón» (Jos 3:13). Además, el «pueblo subió del Jordán el día diez del mes primero» (Jos 4:19), el mismo día en que Israel seleccionó los corderos que serían sacrificados la noche en que salieron de Egipto (Éx 12:3). Josué enlaza verbalmente los dos cruces milagrosos de las aguas: «Porque el SEÑOR su Dios secó las aguas del Jordán delante de ustedes hasta que pasaron, tal como el SEÑOR su Dios había hecho al Mar Rojo, el cual Él secó delante de nosotros hasta que pasamos» (4:23).

Gedeón, Noemí, David: Además de lo anterior, podemos señalar de pasada que, durante el período de los jueces, Israel experimentó una especie de exilio en su tierra natal, del que fue liberado por medio de Gedeón, un tipo de Moisés (ve el capítulo 3). Noemí y su familia se exiliaron a causa de la hambruna, y en una especie de repatriación invertida, volvieron vacíos y despojados en lugar de llenos y ricos (Rut 1). Y David sufrió el exilio en el desierto, los muchos años que huyó de Saúl, volviendo a casa únicamente tras la muerte de su perseguidor.

Esa sí que es una perspectiva panorámica. El exilio se nos presenta en Génesis 3 y luego nos lo encontramos hasta en la sopa. Sin embargo, en este caso no tiene nada de malo, especialmente desde el punto de vista profético. Los portavoces de Dios no parecen cansarse de hablar del éxodo mesiánico mayor que se avecina. Estos exilios pequeños y grandes —a nivel individual, familiar y nacional— hacían que, cuando los profetas empleaban este motivo en su predicación, resonara profundamente en sus oyentes. Los hacía pensar en la obra del Mesías no simplemente en términos de «darnos un nuevo corazón» o «enseñarnos justicia», sino como la acción de Dios en este mundo, al final de los tiempos, para establecer un reino al que conducirá a la humanidad a fin de que viva junto a él. Exploremos, a continuación, algunas de estas promesas proféticas.

Isaías 11

Tal como hicimos cuando hablamos del Mesías y la nueva creación (capítulo 4), aquí también comenzamos con Isaías. En múltiples oráculos, sube a su púlpito, por así decirlo, y declara: «Hoy voy a predicar sobre el libro de Éxodo». Contemplando la historia de su pueblo, evaluando las amenazas contemporáneas, y guiado por el Espíritu para ver una esperanza futura, muestra a sus oyentes (y a nosotros) cómo la gracia y el poder de Dios serán evidentes en una futura readquisición o redención por la cual su pueblo, disperso a los cuatro vientos, será traído a casa.

Isaías comienza con una descripción del Hijo mesiánico de David («un retoño [...] del tronco de Isaí» [11:1]) sobre el que reposará el séptuple Espíritu de Dios. Él hará realidad el reino justo del Señor, una nueva creación en la que «El lobo morará con el cordero, y el leopardo se echará con el cabrito. El becerro, el leoncillo y el animal doméstico andarán juntos, y un niño los conducirá» (11:6; cf. 65:25). Esta primera sección termina, significativamente, con la declaración de que «la tierra estará llena del conocimiento del Señor como las aguas cubren el mar» (11:9). Es vital observar esto porque proporciona la base para el éxodo mundial al que Isaías pasa a continuación.

Volviendo a la imaginería de David, Isaías dice que la «raíz de Isaí» se levantará como «señal para los pueblos» (11:10). Observa: no solo para Israel, sino para los «pueblos», es decir, judíos y gentiles. Luego, el profeta se lanza de lleno al éxodo: «Entonces acontecerá en aquel día que el Señor ha de recobrar de nuevo con su mano, por segunda vez, al remanente de su pueblo que haya quedado de Asiria, de Egipto, de Patros, de Cus, de Elam, de Sinar, de Hamat y de las islas del mar» (11:11). Si esta es la «segunda vez», la primera fue, por supuesto, el éxodo original en que Israel salió de Egipto. Sin embargo, esta próxima vez, el Señor «recobrará» —el verbo hebreo *caná* podría traducirse también como «comprar» o «volver a adquirir»— a Israel y a las «naciones» de todo el mundo conocido en la época de Isaías; en efecto, de «los cuatro confines de la tierra» (11:12). Él puede llevar a cabo este éxodo mundial porque —como ya hemos señalado— «la tierra estará llena del conocimiento del Señor como las aguas cubren el mar» (11:9).

Isaías continúa describiendo cómo el pueblo unido de Dios saldrá victorioso sobre sus enemigos, como lo hicieron Josué y los israelitas en la conquista (11:13-14). Luego vuelve al lenguaje del éxodo: «Y el SEÑOR destruirá la lengua del mar de Egipto. Agitará Su mano sobre el río con su viento abrasador; lo partirá en siete arroyos y hará que se pueda pasar en sandalias. Y habrá una calzada desde Asiria para el remanente que quede de Su pueblo, así como la hubo para Israel el día que subieron de la tierra de Egipto» (11:15-16). Isaías afirma que este nuevo éxodo no será una mera repetición del primero. Dios, por medio de Moisés, secó temporalmente el mar, pero en el éxodo venidero el Señor lo «destruirá» [*kjaram*] por completo. El verbo hebreo *kjaram* se traduce a veces como «dedicado a la destrucción», como las ciudades declaradas *kjérem* o «dedicadas al anatema» en Josué (p. ej., 10:40). No solo este mar egipcio será totalmente aniquilado, sino que el gran «río [Éufrates]» se dividirá en siete corrientes más pequeñas para hacerlo tan fácilmente transitable que los exiliados retornados puedan cruzarlo «en sandalias». Ni siquiera será necesario quitarse los zapatos para cruzar el antes poderoso y ahora disminuido Éufrates. La destrucción de estas dos masas de agua —el mar egipcio, al sur y oeste de Israel, junto con el río Éufrates, al este de Israel— confirma que se trata de una vuelta a casa sin límites. Es más, dado que tanto Egipto como la zona en torno al Éufrates (piensa en Asiria y Babilonia) se asocian con rechazo al pueblo de Dios, esclavitud y exilio, Isaías está diciendo: «Dondequiera que la gente esté cautiva; aunque sus captores sean fuertes; cualquiera haya sido la duración de su esclavitud; cualesquiera sean los obstáculos aparentemente formidables que se interpongan en su camino; no importando cuán sombrío sea el panorama que enfrenten, el Hijo de David se levantará para romper sus cadenas y escoltarlos a casa».

¿Cómo los llevará a casa? Isaías dice que «habrá una calzada desde Asiria para el remanente que quede de Su pueblo, así como la hubo para Israel el día que subieron de la tierra de Egipto» (11:16). Las tribus del norte de Israel —las denominadas tribus perdidas— fueron exiliadas a Asiria en el 722 a. C. Asiria sirve aquí como un modelo geográfico de todas las cárceles del mundo en que los seres humanos llevan los grilletes del pecado y la muerte. Tal como Israel había recorrido el antiguo «camino real» que iba desde el golfo de Áqaba hasta Damasco (Nm 20:17) cuando «subieron de la tierra de Egipto» (Is 11:16), así habrá «una calzada desde Asiria». En otro lugar, Isaías llama a esta calzada el «Camino de Santidad» (35:8). Por allí «andarán los redimidos» (35:9), aquellos que, por medio del Hijo de David, el Señor ha recuperado o comprado de nuevo (11:11), habiéndolos rescatado no «con cosas perecederas como oro o plata, sino con sangre preciosa, como de un cordero sin tacha y sin mancha: la sangre de Cristo» (1P 1:18-19).

En este oráculo, entonces, Isaías desarrolla temas de toda la Escritura: la vida de David (1-2 Samuel), la creación (Génesis 1-2), el exilio/regreso desde Egipto (Éxodo 1-15) y las conquistas de Israel en la tierra prometida (el libro de Josué). Tomando los diez primeros libros del Tanaj, dice: «¡Escuchen! Así es como toda esta historia sagrada culmina en el Mesías».

Isaías 51

En el capítulo anterior estudiamos los versículos iniciales de Isaías 51, donde el profeta proclama un «evangelio de creación» en que la tierra de Israel, símbolo del reino de Dios, se transforma para ser como el «Edén [... como el] huerto del Señor» (51:3). Más adelante, en el mismo capítulo, Isaías pasa de un oráculo basado en el Génesis a otro basado en el Éxodo, incorporando algunas imágenes mitológicas antiguas para animar las cosas. Luego de prometer a su pueblo que, independientemente de las adversidades que sufra, la fidelidad de Dios a ellos seguirá intacta (51:4-8), Isaías continúa: «Despierta, despierta, vístete de poder, oh brazo del SEÑOR. Despierta como en los días de antaño, en las generaciones pasadas. ¿No eres Tú el que despedazó a Rahab, el que traspasó al dragón? ¿No eres Tú el que secó el mar, las aguas del gran abismo; el que transformó en camino las profundidades del mar para que pasaran los redimidos? Los rescatados del SEÑOR volverán, entrarán en Sión con gritos de júbilo, con alegría eterna sobre sus cabezas. Gozo y alegría alcanzarán, y huirán la tristeza y el gemido» (51:9-11). La frase «brazo del SEÑOR» está tan inseparablemente unida al éxodo de Egipto como lo está la frase «sublime gracia» al famoso himno. El Señor redimió a su pueblo con «brazo extendido» (Éx 6:6) y lo rescató en el mar Rojo con «la grandeza de [su] brazo» (Éx 15:16; *cf.* Dt 4:34; 5:15; 7:19). Por eso, cuando Isaías invoca el brazo del Señor diciendo: «Despierta, despierta» y «vístete de poder [...] como en los días de antaño» (Is 51:9), está diciendo: «¡Oh Señor, realiza otro éxodo!». De hecho, la conexión queda explícita cuando pregunta retóricamente: «¿No eres Tú el que secó el mar, las aguas del gran abismo; el que transformó en camino las profundidades del mar para que pasaran los redimidos?» (51:10).

En paralelo con la referencia histórica a las acciones de Dios en el éxodo («¿No eres Tú el que secó el mar?» [51:10]) está la referencia mitológica a sus acciones («¿No eres Tú el que despedazó a Rahab, el que traspasó al dragón?» [51:9]). Esto puede parecer extraño al principio. ¿Por qué Isaías habría de referirse a criaturas mitológicas? Sin embargo, piénsalo así: tal como un predicador de hoy podría comparar a Sansón con Hércules, a Jesús con Aslan o al diablo con Sauron —utilizando historias antiguas o modernas al servicio de la verdad—, así también lo hicieron los escritores bíblicos. A veces incorporaban a su predicación personajes o historias de la antigua mitología cananea o mesopotámica. El «dragón», en hebreo, es *tannín*, probablemente el equivalente de un monstruo marino reptiliano, conocido a partir de textos cananeos (ugaríticos). Rahab —que, por cierto, en hebreo no se escribe de la misma manera que la prostituta Rahab (Rakjab) de Josué 2— aparece en otras partes del AT en conflictos acuáticos violentos (p. ej., Sal 89:9-10 LBLA; Job 26:12). En dos ocasiones, Rahab es también un apodo para Egipto (Is 30:7; Sal 87:4 LBLA). Hasta el momento, el nombre de Rahab no está documentado en textos mitológicos antiguos, pero el monstruo funciona de manera similar a Leviatán, monstruo cananeo del caos que también aparece varias veces en el AT (Is 27:1; Sal 74:14; 104:26; Job 3:8; 41:1).

En esta fusión de historia y mitología, Isaías yuxtapone magistralmente varias ideas relacionadas. En primer lugar, se burla de Egipto. Este recibe el apodo de un monstruo acuático supuestamente fuerte y caótico, pero que es derrotado en su propio territorio cuando Dios «despedazó a Rahab» en el mar Rojo. Esto es tan irónico como decir que Dios ahogó a Poseidón o quemó a Hades. En segundo lugar, Isaías, aunque no afirma en absoluto la veracidad de estas mitologías paganas, está declarando que las realidades malignas que estos personajes representan para los gentiles han sido derrotadas por el Señor de Israel. Él es el Dios que vence todo el caos en la creación. Y en tercer lugar, personajes como los dragones, Leviatán, Rahab y Yam (=mar) suelen estar asociados a mitos sobre el origen del mundo. Por eso aparecen en mitos sobre la creación. No obstante, fíjate en lo que ha hecho Isaías: ha conectado estas criaturas míticas con un acontecimiento histórico: la desecación del mar Rojo. De este modo, el profeta está insinuando que el éxodo es una re-creación, un nuevo origen para Israel, en el que todo enemigo épico es derrotado para que el pueblo de Dios sea libre. Tal como, en el principio, Dios creó los cielos y la tierra, en el mar Rojo creó un nuevo principio para Israel.

El resultado de la nueva obra del Señor en este nuevo éxodo será que «Los rescatados del Señor volverán, entrarán en Sión con gritos de júbilo, con alegría eterna sobre sus cabezas. Gozo y alegría alcanzarán, y huirán la tristeza y el gemido» (Is 51:11). Los «rescatados del Señor» son, en la terminología del NT, aquellos que Cristo ha redimido despedazando a Rahab y traspasando al dragón en la derrota que, por su cruz y su resurrección, infligió al «dragón, la serpiente antigua, que es el Diablo y Satanás» (Ap 20:2). «Entramos en Sión» al venir a Cristo y su Iglesia, porque nos hemos «acercado al monte Sión y a la ciudad del Dios vivo, la Jerusalén celestial, y a miríadas de ángeles» (Heb 12:22). Mientras vivimos en el «ahora-pero-no-todavía» de esta vida —en Cristo, pero aún luchando—, esperamos el momento en que «enjugará toda lágrima de [nuestros] ojos, y ya no habrá muerte, ni habrá más duelo, ni clamor, ni dolor, porque las primeras cosas han pasado» (Ap 21:4). En ese gozo de la resurrección, «la tristeza y el gemido [huirán]» para siempre (Is 51:11).

Isaías 52

En el oráculo que acabamos de analizar, Isaías contrastó el carácter geográficamente limitado del primer éxodo (solo desde Egipto) con el carácter geográficamente expansivo del éxodo mesiánico venidero (desde todo el mundo). En el capítulo siguiente, vuelve a contrastar los dos éxodos, aunque esta vez centrándose especialmente en cómo, en la liberación mesiánica, no será necesario apresurarse —como lo hizo Israel en Egipto, de donde salió a toda prisa—.

Como en 51:9, Isaías comienza llamando: «Despierta, despierta, vístete de tu poder» (52:1), solo que esta vez no es el «brazo del SEÑOR» el que debe despertar y ser fuerte, sino «Sión». Ha sido una ciudad angustiada. Tumbada en el polvo. Con cadenas alrededor del cuello. Una cautiva (52:2). Fue «vendida por nada», pero un día de redención amanecerá (52:3). Dios relata, por medio de Isaías, cuando Israel «descendió a Egipto al principio para residir allí», al igual que cuando Asiria «los [oprimió] sin motivo» (52:4). Estas dos potencias internacionales, que oprimieron a Israel en momentos distintos, son emblemas de los poderes oscuros que habitan nuestro mundo y esclavizan a la humanidad.

Sin embargo, sobre los montes llegan los hermosos pies de un mensajero «que trae buenas nuevas, [...] anuncia la paz, [...] trae las buenas nuevas de gozo, [...] anuncia la salvación, y dice a Sión: "Tu Dios reina"» (52:7). El verbo hebreo para «traer buenas nuevas» es *basar*. Isaías lo utiliza dos veces en este versículo para describir al «portador de buenas noticias». En términos del NT, diríamos que es un evangelista, es decir, alguien que comunica el evangelio (las buenas noticias). En el AT, el uso de *basar* ocurre casi exclusivamente en contextos militares, cuando alguien regresa corriendo para traer noticias de una batalla (p. ej.,

1S 4:17; 31:9; 2S 18:31). Aquí en Isaías su uso sugiere que el mensajero está anunciando una victoria a Sión. Cuando dice: «Tu Dios reina», está hablando como un mensajero militar. Está comunicando la buena noticia de que todos los enemigos del Dios de Israel han sido vencidos en el campo de batalla. Esto también tiene connotaciones del éxodo, porque, cuando Dios liberó a Israel de Egipto, estaba efectuando juicios «contra todos los dioses de Egipto» (Éx 12:12). Estaba demostrando que solo él es el verdadero Dios.

Habiendo luchado y ganado la libertad para su pueblo cautivo, habiendo «redimido a Jerusalén [y] desnudado su santo brazo a la vista de todas las naciones» de modo que «todos los confines de la tierra verán la salvación de [...] Dios» (Is 52:9-10), el Señor llama ahora a su pueblo liberado a salir de sus «Egiptos», dondequiera que estén. Dice: «Apártense, apártense, salgan de allí, nada inmundo toquen. Salgan de en medio de ella, purifíquense, ustedes que llevan las vasijas del Señor. Pues no saldrán precipitadamente, ni irán como fugitivos. Porque delante de ustedes irá el Señor, y su retaguardia será el Dios de Israel» (Is 52:11-12).

Hay dos puntos significativos a observar en estos versículos. En primer lugar, Pablo cita Isaías 52:11 para respaldar su advertencia de separarse de la comunión con los ídolos (2Co 6:17). Vivir en la idolatría es vivir en cautiverio. Tener comunión con ídolos inmundos equivale a vivir con las cadenas de la muerte. Ahora que el Mesías nos ha liberado, estamos en la luz, no en las tinieblas; en Cristo, no en Belial; en el templo de Dios, no en un templo idolátrico (2Co 6:14-16). Pablo traduce, por así decirlo, las palabras de Isaías a realidades teológicas.

El segundo punto que hay que señalar es el que mencioné al inicio de esta sección, a saber, que en este gran éxodo mesiánico no habrá necesidad de una salida rápida: «Pues no saldrán precipitadamente», dice Isaías (52:12). ¿Por qué el profeta señala esto? La palabra hebrea para «precipitadamente» es *bekjipazón*. Aparece solo en tres lugares: aquí en Isaías, y en dos lugares de la Torá. En Éxodo, la noche en que los israelitas deben salir de Egipto, Moisés les dice cómo deben comer la Pascua del Señor: «lo comerán apresuradamente [*bekjipazón*]» (12:11). Y en Deuteronomio, Moisés rememora esa noche y le recuerda a Israel que comieron pan sin levadura «porque aprisa [*bekjipazón*] saliste de la tierra de Egipto» (16:3).

Esa frase hebrea, *bekjipazón*, es la forma en que Isaías utiliza la metalepsis, es decir, nos remite a las Escrituras anteriores para que las comparemos con lo que está escribiendo aquí. El profeta está diciendo a sus oyentes: «Ustedes conocen las Escrituras. Saben que Israel salió de Egipto *bekjipazón*, apresuradamente. Bueno, el éxodo del que estoy hablando no será así. No será necesario comer y correr. ¿Por qué? Porque delante de ustedes irá el SEÑOR, y su retaguardia será el Dios de Israel». Y podríamos añadir: porque no quedará ningún Faraón que pueda cambiar de opinión en cualquier momento y venir a perseguirlos. El Mesías dará un golpe mortal a todo enemigo. Cada «Faraón» será aniquilado por completo en Jesús. Su resurrección significa que no necesitamos mirar por encima de nuestros hombros para ver si un enemigo nos respira en la nuca. El único que está detrás es Cristo, nuestra retaguardia. Él, como dice la hermosa oración de san Patricio, es «Cristo conmigo, Cristo delante de mí, Cristo detrás de mí, Cristo en mí, Cristo debajo de mí, Cristo encima de mí, Cristo a mi derecha, Cristo a mi izquierda».

Jeremías 16 y 23

Isaías, por supuesto, no es el único profeta que empleó el lenguaje y las imágenes del éxodo para predecir la obra salvadora del ungido del Señor. Veamos ahora brevemente dos secciones de Jeremías en las que habla con bastante audacia de una época futura en la que se producirá un nuevo éxodo, un éxodo tan superior a la versión original que redefinirá la forma de hablar de las acciones del Señor.

En la primera de ellas, Jeremías introduce su profecía del éxodo con el contundente recordatorio divino de por qué el pueblo de Dios está a punto de ser exiliado a Babilonia: «"Esto es porque sus padres Me abandonaron", declara el SEÑOR, "y siguieron a otros dioses y los sirvieron y se postraron ante ellos, pero a Mí me abandonaron y no guardaron Mi ley. Y ustedes han hecho peor que sus padres, porque cada uno de ustedes anda tras la terquedad de su malvado corazón, sin escucharme. Por tanto, Yo los arrojaré de esta tierra a una tierra que ni ustedes ni sus padres han conocido; y allí servirán a otros dioses día y noche, pues no les mostraré clemencia"» (16:11-13). Eso es lo que se llama franqueza profética. Viene el exilio. Te lo mereces. Fin de la discusión.

Pero ¿es realmente el final? No, porque tras la amargura de esta ley Jeremías da lugar a una dulce gracia: «"Por tanto, vienen días", declara el Señor, "cuando ya no se dirá: 'Vive el Señor, que sacó a los israelitas de la tierra de Egipto', sino: 'Vive el Señor, que hizo subir a los israelitas de la tierra del norte y de todos los países adonde los había desterrado'. Porque los haré volver a su tierra, la cual di a sus padres"» (16:14-15). Esto debió de sonar muy mal a oídos de los primeros oyentes de Jeremías: «ya no se dirá». ¡Esto es nada menos que una redefinición de lo que es *el* éxodo! El éxodo ya no es un acontecimiento de Egipto, sino un acontecimiento mundial. Vendrán de Babilonia («la tierra del norte») y «de todos los países».

¿Cómo los traerá de vuelta de todos estos lugares? Con pescadores y cazadores. «"Enviaré a muchos pescadores", declara el Señor, "que los pescarán; y después enviaré a muchos cazadores, que los cazarán por todo monte y por toda colina y por las hendiduras de las peñas"» (Jer 16:16). Cuando Dios dice que los «enviará», el verbo hebreo es *shalakj*, cuyo equivalente griego es *apostelo*, del que obtenemos nuestra palabra «apóstol» (enviado). Esta es la profecía de la que Jesús se hace eco cuando llama a sus futuros apóstoles a dejar sus redes. Los enviará a ser «pescadores de hombres» (Mt 4:19; cf. Lc 5:10). Echarán sus redes en todas las masas de agua imaginables. Los cazadores explorarán cada bosque, montaña, colina y llanura en busca de los perdidos. ¿Con qué fin? Para traerlos a casa desde el exilio. Las misiones, la evangelización, y toda forma de proclamar el evangelio se tratan de un éxodo para sacar a la gente del cautiverio. Cazarlos. Pescarlos. Traerlos a casa, junto a Dios.

Los esfuerzos emprendidos por los cazadores y pescadores de Dios en este éxodo evangelístico no son solo para recuperar las ovejas perdidas de la casa de Israel. Jeremías concluye esta sección diciendo: «¡Oh Señor, fuerza mía y fortaleza mía, refugio mío en el día de angustia! A ti vendrán las naciones desde los confines de la tierra» (16:19). Las naciones, los no judíos, se unirán a Israel en este gran regreso al Padre. Así se cumplirá lo prometido a Abraham: «En ti serán benditas todas las familias de la tierra» (Gn 12:3) y «En tu simiente serán bendecidas todas las naciones de la tierra» (22:18).

En otro lugar, Jeremías retoma este mismo tema, solo que esta vez asocia explícitamente este éxodo con la obra del Hijo de David. Luego de pronunciar un lamento sobre los pastores infieles —es decir, los líderes de Israel— que se han comportado más como lobos que como cuidadores del rebaño, promete: «Yo mismo reuniré el remanente de Mis ovejas de todas las tierras adonde las he echado, y las haré volver a sus pastos; y crecerán y se multiplicarán» (23:3). Observa cómo en esta promesa el lenguaje del éxodo (reunir las ovejas) y el de la creación (crecer y multiplicarse) están unidos. Una vez más, *el éxodo mesiánico se describe como una re-creación.* Dios también pondrá «sobre ellas pastores que las apacentarán, y nunca más tendrán temor, ni se aterrarán, ni faltará ninguna de ellas» (23:4). Tal como Moisés pastoreó a Israel en el desierto, los nuevos pastores cuidarán del rebaño del Señor en el éxodo mundial que Jeremías prevé.

A continuación, el profeta se sumerge en el meollo de la cuestión. ¿Qué hará posible todo esto?

«Vienen días», declara el Señor, «en que levantaré a David un Renuevo justo; y Él reinará como rey, actuará sabiamente, y practicará el derecho y la justicia en la tierra. En sus días Judá será salvada, e Israel morará seguro; y este es Su nombre por el cual será llamado: "El Señor, justicia nuestra". Por tanto, vienen días», declara el Señor, «cuando no dirán más: "Vive el Señor, que hizo subir a los israelitas de la tierra de Egipto", sino: "Vive el Señor que hizo subir y trajo a los descendientes de la casa de Israel de la tierra del norte y de todas las tierras adonde los había echado". Entonces habitarán en su propio suelo» (Jer 23:5-8).

En el capítulo 3 señalamos que la mayoría de los judíos del siglo I habrían dicho que el Mesías sería como el rey David. Profecías como esta de Jeremías nos dicen por qué esa creencia estaba tan extendida.

Probablemente, la designación del heredero de David como «Renuevo» se originó con el propio David. En las «últimas palabras de David» (2S 23:1), este se pregunta: «Porque toda mi salvación y todo mi deseo, ¿no los hará [Dios] ciertamente germinar?» (23:5). El verbo para «germinar» es *tsamakj*, «brotar, crecer, retoñar». La forma sustantiva, *tsémakj*, es utilizada por Jeremías cuando dice que Dios levantará para David «un Renuevo [*tsémakj*] justo» (Jer 23:5; *cf*. 33:15). Los profetas posteriores, como Zacarías, utilizaron «Renuevo» como término técnico para referirse al propio Mesías (Zac 3:8; 6:12-13). Este Renuevo justo es, por lo tanto, la simiente prometida a David. Es, de hecho, la simiente que puede rastrearse de David (2S 7:11-17) a Abraham (Gn 12:3) y a Eva (Gn 3:15). Esta es la simiente mesiánica que finalmente brotará del vientre de María y —como le dijo Gabriel— «será grande y será llamado Hijo del Altísimo, y el Señor Dios le dará el trono de Su padre David; y reinará sobre la casa de Jacob para siempre, y Su reino no tendrá fin» (Lc 1:32-33). Él «nació de la descendencia de David según la carne, y [...] fue declarado Hijo de Dios con un acto de poder, conforme al Espíritu de santidad, por la resurrección de entre los muertos: nuestro Señor Jesucristo» (Ro 1:3-4).

Jeremías nos está diciendo que, cuando llegue este Hijo de David, la gente ya no cantará que el Señor ha liberado a Israel de Egipto, sino que adoptará una melodía muy diferente: «"Vive el Señor que hizo subir y trajo a los descendientes de la casa de Israel de la tierra del norte y de todas las tierras adonde los había echado". Entonces habitarán en su propio suelo» (23:8). La llegada de él significará un éxodo para el mundo. Reunirá en sí mismo a toda la humanidad. Será El Humano. Un pequeño paso para el Mesías, un gran salto para la humanidad: un salto de la muerte a la vida, de la esclavitud a la liberación, de la culpa a la absolución, de la vergüenza a la gloria eterna. El éxodo de Egipto, por muy importante que haya sido, es una mera vela si se lo compara con el brillante sol del éxodo del mundo efectuado por el Mesías en sí mismo.

Oseas

Terminaremos este recorrido por los profetas viendo a un hombre que, probablemente, fue el predicador más infelizmente casado del antiguo pacto: Oseas. Tenemos más información biográfica sobre su esposa que sobre él. Y el nombre de ella, Gomer, es tan conocido como el de Oseas. Este honor, por supuesto, es dudoso, pues Gomer no adquirió su reputación abriendo comedores de beneficencia o ministrando a los leprosos, sino trabajando en el comercio sexual y abandonando a su marido. Los hijos de Oseas y Gomer tampoco se libraron de la vergüenza pública, pues fueron llamados Jezreel («Dios siembra», nombre de un lugar relacionado con la ensangrentada casa del rey Jehú), Lo Ruhamá («No Compadecida») y Lo Ammí («No es Pueblo Mío»).

Este extraño hogarcito era, por supuesto, un símbolo de Dios y de la casa de Israel. «... el SEÑOR le dijo [a Oseas]: "Ve, toma para ti a una mujer ramera y ten con ella hijos de prostitución; porque la tierra se prostituye gravemente, abandonando al SEÑOR"» (Oseas 1:2). Tal como el profeta compartió su lecho con una exprostituta y futura adúltera (3:1-3), Dios había tenido que soportar por siglos compartir a Israel, su novia, con Baal, Moloc y cualquier otro ídolo que se cruzara con ella en la esquina.

Pero no todo es pesimismo en Oseas. Por ejemplo, casi sin detenerse para recobrar el aliento después de censurar la infidelidad de Israel (2:2-13), continúa con un oráculo de salvación que reutiliza sofisticada y magistralmente textos antiguos para proclamar el evangelio del éxodo.

«Por tanto, voy a seducirla, llevarla al desierto, y hablarle al corazón. Allí le daré sus viñas, y el valle de Acor por puerta de esperanza. Y allí cantará como en los días de su juventud, como en el día en que subió de la tierra de Egipto. Sucederá en aquel día», declara el SEÑOR, «que me llamarás Ishí y no me llamarás más Baalí. Porque quitaré de su boca los nombres de los Baales, y nunca más serán mencionados por sus nombres. En aquel día haré también un pacto por ellos con las bestias del campo, con las aves del cielo y con los reptiles de la tierra. Quitaré de la tierra el arco, la espada y la guerra, y haré que ellos duerman seguros. Te desposaré conmigo para siempre; sí, te desposaré conmigo en justicia y en derecho, en misericordia y en compasión; te desposaré conmigo en fidelidad, y

tú conocerás al Señor. Y sucederá que en aquel día Yo responderé»,
declara el Señor, «responderé a los cielos, y ellos responderán a
la tierra, y la tierra responderá al trigo, al vino nuevo y al aceite,
y ellos responderán a Jezreel. La sembraré para Mí en la tierra, y
tendré compasión de la que no recibió compasión, y diré al que no
era Mi pueblo: "Tú eres Mi pueblo", y él dirá: "Tú eres mi Dios"»
(2:14-23).

Aquí se prevé una especie de segunda luna de miel, durante la cual
el Señor reavivará la llama de la devoción en el corazón de su novia.
Utilizando un verbo con connotaciones subidas de tono, asociadas a
menudo con la atracción (Jue 14:15; Éx 22:16), Dios dice que va «a
seducirla [patá]». Este atrevido marido cortejará a su voluble novia para
que vuelva al desierto y tenga una experiencia de éxodo mucho mejor.
Esta vez no habrá tablas de piedra, ni un viaje de cuatro décadas a través
de un desierto inquietante. Más bien, le «[hablará] al corazón». El uso
que hace Oseas del lenguaje matrimonial en relación con el nuevo éxodo
es único entre los profetas. Es posible que el apóstol Pablo haya puesto
un ojo en este profeta cuando escribió sobre la Iglesia como la esposa de
Cristo.

Lo más fascinante es la predicción de Oseas sobre la reversión: «Allí
le daré sus viñas, y el valle de Acor por puerta de esperanza» (2:15).
En este breve versículo, no hay uno, ni dos, sino *tres* posibles juegos
de palabras o alusiones. En primer lugar, la palabra hebrea para viña
(*kérem*) está detrás del nombre de Carmi, padre de Acán (Jos 7:1). En
segundo lugar, las palabras para esperanza (*ticvá*) y el cordón (*ticvá*) que
Rahab ató a su ventana de Jericó se escriben y pronuncian exactamente
igual (Jos 2:18). Y en tercer lugar (y más obvio), el valle de Acor nos
remite geográficamente a la historia de Acán, hijo de Carmi, que «turbó»
a Israel tras su derrota de Jericó. Cuando Acán huyó con el botín de
guerra prohibido de Jericó, Dios propinó una desastrosa derrota a Israel
en su posterior ataque a la ciudad de Hai (Jos 7:1-9). Al descubrirse la
culpabilidad de Acán mediante un sorteo, se lo castigó apedreándolo y
luego quemándolo. Sobre su cadáver se levantó un montón de piedras

como monumento de infamia (7:25-26). El lugar de su muerte fue rebautizado como valle de Acor (problema, turbación), basándose en las palabras que Josué le dirigió justo antes de su ejecución: «¿Por qué nos has turbado? El SEÑOR te turbará hoy» (7:25). La pila de piedras amontonadas sobre sus cenizas fue como una lápida que decía: «Ay, qué mal empezamos».

Pero todo eso cambiará, dice Dios, cuando se realice el nuevo y mejorado éxodo del Mesías. Donde el hijo de Carmi hizo que Israel se lamentara, Dios «le dará sus viñas» para el vino de la alegría. Donde la puerta de la esperanza se les cerró de golpe en la cara, donde se turbaron en cuerpo y alma tras el robo y la muerte de Acán, ese valle de Acor se transformará en una «puerta de esperanza» por la que volverán a entrar en la tierra prometida. Tal como el cordón (*ticvá*) que la prostituta Rahab ató a su ventana de Jericó fue el emblema de su esperanza (*ticvá*), la prostituta Israel (simbolizada por Gomer) tendrá esperanza en la redención del éxodo que viene del Señor. Rahab, por supuesto, se encuentra en la línea de sangre del Mesías, lo cual subraya aun más la riqueza teológica de esta sección de Oseas (Mt 1:5).

El resultado de todo esto, dice el profeta, será que Israel «responderá como en su juventud, como en el día en que salió de Egipto» (Os 2:15 DHH). «Responder» [*aná*] podría significar «corresponder» (NVI) o incluso «cantar» (RVC y NBLA). Podríamos traducir *aná* como «confesar». ¿Qué será lo que confesará? Confesará que el Señor es su esposo (2:16 NVI). Como antes, este nuevo éxodo también será como una nueva creación, pues el Señor hará «En aquel día [...] un pacto por ellos con las bestias del campo, con las aves del cielo y con los reptiles de la tierra» (2:18). Se restablecerá la armonía entre la humanidad y los animales, como en el Edén. Dios desposará a su pueblo con rectitud, justicia, amor, misericordia y fidelidad (2:19-20). El cielo y la tierra entonarán un canto antifonal, por así decirlo, para declarar que los tres hijos de Oseas serán cambiados: «... y estos le responderán a Jezrel ["Dios siembra"]. Yo la sembraré para mí en la tierra; me compadeceré de la "Indigna de compasión", a "Pueblo ajeno" lo llamaré: "Pueblo mío"; y él me dirá: "Mi Dios"» (2:22-23 NVI).

Oseas es como un Rumpelstiltskin profético, que hila un futuro dorado para Israel a partir de la paja de su pasado. Cuando llegue el Mesías, sacará a su Gomer de la esquina de la calle, la alejará del burdel de la idolatría, y la seducirá para que lo siga al desierto. Allí escuchará la voz de Juan el Bautista, que la llamará al arrepentimiento y la lavará en el Jordán. Tras bañarla allí y unir el corazón de ella al suyo, conducirá a su esposa de vuelta a una tierra cubierta de viñedos, dándole a beber incluso su sangre en el fruto del vino de la Cena. Juntos, de la mano, pisarán el umbral de la puerta llamada Esperanza. El evangelio del nuevo éxodo estará entonces completo.

El escenario en el que Cristo desarrolló su vida

Para profetas como Isaías, Jeremías y Oseas, el éxodo de Egipto no era solo la historia del pasado de Israel, sino también la biografía de su futuro. Los contornos básicos de la narración fueron adoptados y adaptados para pronosticar un nuevo éxodo, tan superior a su predecesor —en calidad y extensión— que se convertiría en el nuevo credo de la nación. Este nuevo y mejor éxodo se haría realidad con el advenimiento del Mesías. El pueblo cautivo del Señor sería liberado de todo el mundo. Saldrían de la tierra de la esclavitud para viajar a Sión. Allí disfrutarían de la dicha eterna bajo el cuidado protector del Hijo de David. La paz edénica sería restaurada. El Mesías y su esposa se unirían en el gozo nupcial. Todo esto es el futuro de Israel, decían los profetas, un futuro ya trazado en el éxodo de su pasado. *Maasé avot simán lavanim*, «las acciones de los padres son una señal para los hijos».

De diversas maneras, el NT expresa su amén a estas promesas proféticas declarando que el cumplimiento del éxodo está en la encarnación, el sufrimiento, la muerte y la resurrección de Jesús. Mateo relata, por ejemplo, cómo Jesús se vio obligado a huir con su familia a Egipto, donde permaneció hasta realizar su propio éxodo, tras la muerte de Herodes (Mt 2:13-15). En los cuatro evangelios, cuando Jesús alimentó a más de cinco mil personas en el desierto, se lo describe como alguien semejante a Moisés, que abasteció a los hijos de Israel durante sus cuarenta años de peregrinación. Cuando Jesús quiso representar su futura crucifixión, recurrió a una historia del éxodo, diciendo: «Y como Moisés levantó la serpiente en el desierto, así es necesario que sea levantado el Hijo del Hombre, para que todo aquel que cree, tenga en Él vida eterna» (Jn 3:14-15; Nm 21:4-9). La importancia plena de los acontecimientos de la Semana Santa —su entrada el día en que se seleccionaban los corderos de la Pascua, su institución de la Cena en la noche de la Pascua, su sacrificio como cordero pascual— se subestima enormemente si no se los contempla a través de la lente del éxodo. San Pablo, en 1 Corintios, exhorta a los cristianos a recordar que viven después de aquellos acontecimientos y durante el cumplimiento de ellos: tal como los israelitas fueron bautizados en Moisés, en el mar Rojo, los cristianos son bautizados en Jesús, en el mar de la pila bautismal; tal como Israel comió alimento espiritual, la Iglesia come el cuerpo del Señor; y tal como todos bebieron de la roca espiritual que los seguía, los cristianos beben la sangre de Cristo (10:1-4). El éxodo es el escenario en el que se desarrolla la vida de Cristo.

Durante el éxodo también se produjo otro acontecimiento significativo: se construyó el tabernáculo. Esta tienda sagrada, en la que el Señor habitaba en medio de su pueblo, y mediante la cual prefiguraba la obra sacrificial y sacerdotal del Mesías, será el tema de los dos capítulos siguientes.

PREGUNTAS PARA DISCUSIÓN

1. Enumera algunas de las formas en que la Biblia describe lo que Dios ha hecho por nosotros en Cristo (p. ej., perdón, rescate, etc.). Discute sus similitudes y diferencias. ¿Cómo proporciona cada una de ellas una ventana diferente a la obra de Cristo?

2. Revisa los numerosos paralelos entre el exilio de Abram/Sarai y el de Israel. Cuando la nación reflexionó más tarde sobre la historia del patriarca y la matriarca, ¿cómo pudo eso darles esperanza? ¿Cómo utiliza el Señor las acciones de liberación del pasado para reforzar nuestra fe en los momentos de tribulación actuales?

3. Se describen brevemente otros cinco «éxodos»: desde Adán, hasta Gedeón, Noemí y David. ¿Cuáles de ellos habías relacionado (o no) con la idea del exilio/retorno? ¿De qué manera tu apreciación o comprensión de ellos se profundiza cuando los ves a la luz de este tema bíblico global?

4. Al leer Isaías 11, ¿qué palabras de «éxodo» ves? ¿Cómo muestra Isaías que el éxodo del Mesías será mayor y mejor que el original? Ten en cuenta que, en este capítulo, el profeta también está interpretando las Escrituras. ¿Qué modelo nos da para leer la Biblia?

5. En Isaías 51:9-11, ¿por qué el profeta mezcla mitología con su descripción de los poderosos actos de Dios en el mar Rojo? ¿Qué mensaje podría enviar esto a los vecinos paganos de Israel? ¿En qué sentido el cruce del mar fue como una nueva creación para Israel, y en qué sentido el éxodo del Mesías es una nueva creación para nosotros?

6. ¿Cuál es el principal contraste entre el éxodo original de Egipto y el que Isaías describe en 52:1-12? ¿Cuáles son las implicaciones de que la obra de Cristo se describa como una victoria militar? ¿En qué sentido nuestra salvación es como una conquista? ¿En qué sentido es esto una fuente de paz y esperanza cuando pensamos en los enemigos espirituales que aún nos acechan?

7. En Jeremías 16:14-16, el profeta utiliza dos imágenes inusuales para describir a aquellos que el Señor enviará para traer a sus hijos a casa. ¿Cuáles son, y cómo se relacionan con el ministerio de Jesús (Mt 4:19; Lc 5:10)? Si vemos las misiones como efectuar el éxodo de las personas, ¿de qué manera afecta eso nuestra perspectiva, métodos o mensaje?

8. En Jeremías 23:3, ¿qué imágenes dobles del éxodo y de la creación utiliza el profeta para describir la obra de Dios? Utilizando los textos bíblicos citados, discute cómo el Mesías llegó a ser apodado «Renuevo». ¿Cómo se remonta esto a Génesis 3:15?

9. Vuelve a leer la historia del robo y la ejecución de Acán en Josué 7. ¿Cómo reutiliza Oseas esta historia en su oráculo sobre el éxodo del Mesías (2:14-23)? ¿En qué sentido Oseas es como un «Rumpelstiltskin profético»?

10. Revisa y discute las formas específicas en que el NT dice que Jesús ha cumplido los eventos del éxodo en su encarnación, sufrimiento, muerte y resurrección. ¿En qué sentido el éxodo es el escenario en el que se desarrolla la vida de Cristo?

Capítulo 6
El huerto santuario de Dios

Cuando alguien te deja entrar por la puerta de su casa, también te está dejando leer un poco de su biografía interior. Las casas son reveladoras en ese sentido. La arquitectura, el mobiliario, la decoración, la limpieza y la distribución general suelen revelar características de su ocupante.

Lo mismo ocurre con las habitaciones de la casa. Por ejemplo, si entras en la casa rural de mis padres, puedes ir hasta el estudio de mi padre y descubrir allí claras huellas de sus intereses e identidad. Siempre le han gustado los caballos, como lo demuestran las estanterías repletas de libros y revistas ecuestres, así como una colección de espuelas y otras vestiduras de vaquero colgadas en la pared. Siente curiosidad por la historia de nuestra familia, como puede verse junto a la chimenea en una marca de ganado forjada por su bisabuelo, Ed Bird. Desde los años sesenta ha llevado un diario; habrá varios de ellos sobre la mesa en que escribe durante las primeras horas de la mañana. Y en esa misma mesa se encuentra su vieja biblia *King James*, que lee y estudia de forma sistemática. Todos estos objetos son ilustraciones de su personalidad, intereses, creencias y prioridades. En ese espacio, mi padre es, por así decirlo, un libro abierto.

Así es como me gusta pensar en el hogar de Dios. En su tabernáculo, y más tarde en su templo, el Señor era un libro abierto. La arquitectura, el mobiliario y su disposición eran reveladores de su carácter y voluntad para Israel. Piénsalo: el mero hecho de que quisiera un santuario dentro de Israel nos dice que es el tipo de Dios que quiere estar cerca de su pueblo. No le interesa en absoluto ser una deidad distante en la cima de una montaña inescalable. No, desea ser un Señor «con presencia en el terreno». En el desierto, su tienda estaba instalada en el corazón del campamento. Todos los israelitas conocían la dirección de Dios.

Los hogares del Señor en el AT miraban tanto hacia atrás como hacia adelante. Su verdadera naturaleza y propósito eran incomprensibles si no se leía lo que había venido antes de ellos (creación) ni se entendía lo que vendría después (re-creación). Si tuviéramos que imaginar estos hogares utilizando como metáfora un libro, podríamos describir su organización así:

Capítulo 1: Génesis y el relato de la creación
Capítulo 2: El tabernáculo como el nuevo Edén
Capítulo 3: El templo como el tabernáculo/Edén ampliado
Capítulo 4: La obra del Mesías y su Iglesia
Capítulo 5: Los cielos nuevos y la tierra nueva

Todos estos capítulos deberían leerse a la luz de los demás. En otras palabras, deberíamos ir y venir entre ellos, leyendo para delante y para atrás, para entender el mensaje que los hogares de Dios comunican. Al hacerlo, veremos que el tabernáculo y el templo revelan profundas verdades sobre el Mesías. Son lo que podríamos llamar «arquitectura cristológica». O, para decirlo de manera más sencilla, un evangelio habitacional.

En este capítulo demostraremos primero que el relato de la creación del mundo, en Génesis, y el relato de la creación del tabernáculo, en Éxodo, son gemelos. No solo se parecen, sino que solo podemos entenderlos mirando el tabernáculo a través de la creación, y la creación a través del tabernáculo. Como un marido y una mujer, son una sola carne teológica. También exploraremos la vocación sacerdotal de Adán y Eva, que sirvieron en el «templo» del Edén. Y reuniremos todo este material del AT para trazar su influencia en nuestra confesión del Mesías, su reino y la nueva creación que nos espera. Es mucho lo que debemos abarcar, así que pongámonos en marcha haciendo una comparación entre Génesis y Éxodo.

La creación del mundo y la construcción del tabernáculo

En teoría, la creación de los cielos y la tierra podría haberse descrito de diversas maneras. Por lo tanto, la forma específica que Dios eligió para hacerlo es reveladora. No es como uno de los salmos sobre la creación, ni es un relato extenso. Por el contrario, tiene todas las características del género literario sacerdotal, como el que encontramos en la segunda mitad de Éxodo, todo Levítico y partes de Números. Por ejemplo, todo en la creación procede de manera extremadamente ordenada. Las actividades divinas son formales, sistemáticas y repetitivas, como muchas secciones de Levítico. Todo tiene su lugar y función en el mundo. Génesis 1 es todo lo opuesto al caos. Incluso concluye con el día de reposo, la piedra angular del calendario cúltico de Israel. *Leer el relato de la creación es como leer una liturgia cósmica supervisada por un sacerdote divino.*

Además, parte del lenguaje de Génesis 1 es jerga sacerdotal. Por ejemplo, se utiliza cinco veces el verbo *badal* (separar): la luz se *badal* de las tinieblas (1:4), las aguas de arriba se *badal* de las de abajo (1:6-7), y las luminarias celestiales *badal* el día de la noche (1:14, 18). Este verbo para «separar» se utiliza en todo el resto del AT, principalmente en contextos rituales. Por ejemplo, el velo del tabernáculo *badal* el Lugar Santísimo del Lugar Santo (Éx 26:33). Los sacerdotes deben hacer «distinción [*badal*] entre lo santo y lo profano, entre lo inmundo y lo limpio» (Lv 10:10). Tal como oímos el verbo «chutar» y lo relacionamos con fútbol, o «freír» y lo relacionamos con cocinar, los hablantes de hebreo habrían oído el verbo badal y lo habrían relacionado con el tabernáculo y el sacerdocio.

Lo mismo ocurre con el sustantivo *moed*, que puede significar «lugar de reunión» o «tiempo señalado». La «tienda de reunión», por ejemplo, es la «tienda de *moed*». De hecho, de las 223 veces que aparece esta palabra, 146 se refieren a la «tienda de *moed*». Ningún israelita habría escuchado *moed* sin pensar en algo inextricablemente ligado al «tabernáculo». Y esa es precisamente la palabra que se utiliza en Génesis 1:14 para describir las «lumbreras en la expansión de los cielos [...] para señales y para estaciones». La palabra «estaciones» es el plural de *moed*. Las lumbreras celestiales son para los «tiempos señalados» relacionados con el culto del santuario.

No solo encontramos esta terminología ritual en el relato de la creación, sino que el patrón séptuple de este se reproduce en el patrón séptuple del tabernáculo. En Génesis, el primer versículo consta de siete palabras hebreas, Dios expresa siete veces que la creación es «buena» o «buena en gran manera», y por supuesto, los seis días de la creación culminan en el séptimo, el día de reposo. Este mismo patrón de sietes se sigue en la creación del tabernáculo. Cuando el Señor comienza a dar a Moisés las instrucciones para el tabernáculo, lo llama desde una nube «al séptimo día» (Éx 24:16). En un total de siete discursos, cada uno de los cuales comienza con «el SEÑOR habló» o «el SEÑOR dijo», Dios revela a Moisés el proyecto del santuario (25:1; 30:11, 17, 22, 34; 31:1, 12). Tal como el relato de la creación terminó en el séptimo día, de reposo (Gn 2:1-3), las instrucciones del tabernáculo terminan con un séptimo discurso sobre el día de reposo (Éx 31:12-17). Y finalmente, cuando el tabernáculo es construido y dedicado, la frase «como el Señor había mandado a Moisés» aparece siete veces para afirmar que todo contó con la aprobación divina (40:19, 21, 23, 25, 27, 29, 32). ¡Hay sietes por todas partes!

Por si estas conexiones no fueran suficientes, también hay múltiples ecos de Génesis en Éxodo cuando Moisés describe la construcción del tabernáculo. He aquí tres de ellos.

En la finalización de la creación y del tabernáculo se utilizan los mismos verbos para «ver [*raá*]» y «hacer [*asá*]»: «Dios *vio* todo lo que había *hecho*» (Gn 1:31; cursivas mías) y Moisés «*vio* toda la obra, y comprobó que la habían *hecho*» (Éx 39:43 RVC; cursivas mías). Tal como el Señor había mirado con aprobación los cielos y la tierra, Moisés, como representante de Dios, mira con aprobación el tabernáculo.

Asimismo, en ambas secciones, se utilizan los mismos dos verbos para «terminó [*kalá*]» y «obra [*melaká*]»: «Dios *terminó* en el día séptimo la *obra* que hizo» (Gn 2:2 RVC; cursivas mías) y «Así *terminó* Moisés la *obra*» (Éx 40:33; cursivas mías). La finalización del santuario fue como la finalización de la creación.

Y por último, en los dos relatos se utilizan las mismas dos palabras o frases para «bendecir [*barak*]» y «toda la obra [*kol* + *melaká*]»: «Dios *bendijo* el séptimo día y lo santificó, porque en él reposó de *toda la obra* que Él había creado y hecho» (Gn 2:3; cursivas mías) y «Moisés examinó *toda la obra*, y vio que la habían llevado a cabo. Tal como el SEÑOR había ordenado, así la habían hecho. Y Moisés los *bendijo*» (Éx 39:43; cursivas mías). De este modo, hay una bendición al concluir tanto la obra de la construcción del mundo como la de la tienda sagrada.

Antes de resumir todo esto y sacar algunas conclusiones, señalemos brevemente otras dos conexiones entre la creación y el tabernáculo. La primera tiene que ver con el tiempo. La creación, por supuesto, ocurrió en el principio, al comienzo. ¿Cuándo se erigió el tabernáculo? «El primer día del mes primero» (Éx 40:2). Esta fue la génesis del tabernáculo y una especie de nueva génesis para el mundo. En segundo lugar, tal como el Espíritu «se movía sobre la superficie de las aguas» para dar forma a la creación (Gn 1:2), el Señor dice que ha llenado a Bezalel «del Espíritu de Dios en sabiduría, en inteligencia, en conocimiento y en toda clase de arte, para elaborar diseños, para trabajar en oro, en plata y en bronce, y en el labrado de piedras para engaste, y en el tallado de madera, a fin de que trabaje en toda clase de labor» (Éx 31:3-5). Bezalel fue un profeta artesano, un instrumento del Espíritu divino. A través de él, el Espíritu construyó la tienda sagrada como un cosmos portátil.

¿Qué nos está diciendo Dios? ¿Qué conclusiones debemos sacar de esta red de conexiones entre la creación del mundo y la construcción del tabernáculo? La verdad más evidente es que no podemos entender la creación sin el tabernáculo, ni podemos entender el tabernáculo sin la creación. Están diseñados para ser leídos en conjunto. Pero profundicemos un poco más. La creación se describe como si fuera un tabernáculo, el lugar donde reside la gloria de Dios, y donde él habita con la humanidad. Sí, el Edén y su huerto, como veremos en breve, fueron únicos en la creación, pero es como si la totalidad de la creación hubiera sido originalmente concebida para ser el vasto templo de Dios. Hay ecos de esto en los salmos: «Los cielos proclaman la gloria de Dios, y el firmamento anuncia la obra de Sus manos. Un día transmite el mensaje al otro día, y una noche a la otra noche revela sabiduría» (19:1-2). Los ríos aplauden y los montes cantan (Salmo 98:8). En el principio, Dios creó los cielos y la tierra como un templo. La adoración reverbera en la creación como dentro de los muros de un santuario.

Pero así como la creación se asemeja a un santuario, fue también el prototipo del tabernáculo. El tabernáculo era un microcosmos del mundo, donde Dios trabajaba diariamente para restaurar y recrear a su pueblo. En medio de un mundo que iba mal, y donde el pecado se había extendido como un tumor maligno por todos los órganos y ganglios linfáticos de la creación, el tabernáculo era el lugar que seguía siendo sano, bueno y santo. Los culpables iban allí en busca de perdón. Los contaminados iban allí para ser limpiados. Ese era un pequeño huerto de Edén al que los Adanes y las Evas de Israel viajaban para ofrecer sus sacrificios, ser bendecidos por el sacerdote y elevar sus voces en oración y canto.

Al mismo tiempo, el tabernáculo, y más tarde el templo, no eran el plan definitivo de Dios. Eran buenos, pero no perfectos. En el mejor día del tabernáculo, cuando los coros cantaron, el incienso ascendió y los sacrificios ardieron en lo alto del altar, ningún sacerdote pudo levantar la voz y proclamar: «*¡Tetelestai!* ¡Está terminado!*». Para que ese día y ese grito de finalización tuvieran lugar, se necesitaba otro tabernáculo, otro templo, otro sacerdote y otro sacrificio, que eran aquello a lo cual el santuario del AT apuntaba. Llegaremos a ese cumplimiento mesiánico en un momento, pero antes debemos aclarar la vocación de Adán y Eva. ¿A qué los llamó Dios exactamente?

La pareja sacerdotal y el tabernáculo del huerto

Cuando el Señor puso al hombre en el huerto del Edén, le encargó dos deberes principales: «para que lo cultivara [*abad*] y lo cuidara [*shamar*]» (Gn 2:15). Pero a Adán se le encomendó más que plantar tomates o recoger duraznos. Es cierto que se dedicaba a las tareas agrícolas, pero estos dos verbos hebreos implican otras responsabilidades, especialmente cuando aparecen juntos. *Abad* se traduce normalmente como «servir» y *shamar* como «guardar». Cuando aparecen juntos en otras partes del AT, o cuando se usan muy cerca el uno del otro, se refieren a una de dos actividades. En algunos contextos, se refieren a servir a Dios y guardar sus palabras o mandatos (p. ej., Éx 12:24-25; Dt 11:32–12:1; 13:4; Jos 22:5; Mal 3:14). En otros contextos, cuando *abad* y *shamar* aparecen juntos, describen los deberes de los sacerdotes y de los levitas mientras guardan el santuario y sirven en él. Por ejemplo, a los levitas se les ordena custodiar el tabernáculo y su mobiliario (Nm 3:7-8, 10, 28, 32, 38). En el mismo contexto, deben «ministrar en el tabernáculo», o más literalmente, «cumplir con el servicio del tabernáculo» (3:7-8). Los mismos dos verbos —o sus formas sustantivas— aparecen en otros lugares donde se describen los deberes de los ministros del Señor en el santuario (Nm 18:3-7; 1Cr 23:32; Ez 44:14). ¿Qué implica esto? Los deberes de Adán son como los deberes de los sacerdotes posteriores. O para decirlo con mayor precisión, los deberes de los sacerdotes posteriores siguieron el patrón de los deberes de Adán. Servir en el santuario y guardarlo era ser como Adán, cuando servía en el Edén y lo guardaba. Por lo tanto, Adán fue el primer sacerdote, y todos los sacerdotes posteriores fueron neoadanes.

Fíjate también en lo que hace el Señor inmediatamente después de colocar a Adán en el huerto con esta doble orden de *abad*/servir y *shamar*/guardar: «Y el Señor Dios ordenó al hombre: "De todo árbol del huerto podrás comer, pero del árbol del conocimiento del bien y del mal no comerás, porque el día que de él comas, ciertamente morirás"» (Gn 2:16-17). Dios le dio a Adán, este primer sacerdote, algo que custodiar: una palabra divina que giraba en torno a qué comer y qué no comer. En este santuario del huerto, Adán debía servir de muchas maneras, pero una de ellas era siendo guardián sacerdotal de este único mandato del Señor. Si no lo hacía, Adán se enfrentaba a la muerte («ciertamente morirás»), una amenaza que también se dirigía a los ministros del tabernáculo si incumplían los mandatos sagrados del Señor (p. ej., Éx 28:35, 43; 30:20-21; Lv 8:35; 10:9; 16:2).

Por supuesto, el servicio y la custodia que se encomendaron a Adán no se relacionaban exclusivamente con este único mandamiento. Es de suponer que también debía guardar el Edén mismo de cualquier cosa que pudiera ponerlo en peligro. En esto también sirvió al Señor y su huerto santuario, al igual que Eva, formada para ser «una ayuda adecuada [o, que le correspondiera]» (Gn 2:18), pues era hueso de sus huesos y carne de su carne (2:23).

Pero ¿no era este un mundo perfecto? ¿Qué podría amenazar el huerto? Lo descubrimos inmediatamente después de la creación de Eva, cuando la astuta serpiente entra en el huerto, confronta a Eva y comienza a tentarla para que cometa el pecado contaminante de comer lo que Dios había prohibido (3:1-5). Adán y Eva debían guardar/*shamar* el huerto de esta fuente inmunda de mentiras y muerte, tal como, más tarde, en el tabernáculo y el templo, los guardias y porteros estaban apostados «junto a las puertas de la casa del SEÑOR, de modo que no entrara ninguno que por alguna causa estuviera inmundo» (2Cr 23:19; *cf.* Nm 18:1-7; 1Cr 9:23; Neh 11:19). En otras palabras, ¡nunca debió permitirse que la serpiente entrara en el huerto, y mucho menos que mantuviera una conversación! Que Adán y Eva lo permitieran equivalía a dejar que un sacerdote de Baal entrara en el Lugar Santo del tabernáculo y entablara un diálogo teológico con el sumo sacerdote del Señor. Como escribe G. K. Beale, «Adán no guardó el huerto, sino que permitió la entrada de una serpiente asquerosa que trajo el pecado, el caos y el desorden al santuario y las vidas de Adán y Eva»[1]. Cuando estos dos primeros sacerdotes fracasaron terriblemente en sus deberes de guardar/*shamar* libre de profanación el huerto santuario, fueron exiliados y sustituidos: «Expulsó [Dios] al hombre; y al oriente del huerto del Edén puso querubines, y una

---

1. Gregory K. Beale, *The Temple and the Church's Mission: A Biblical Theology of the Dwelling Place of God*, New Studies in Biblical Theology 17 (Downers Grove, IL: InterVarsity, 2004), 86.

espada encendida que giraba en todas direcciones para guardar [*shamar*] el camino del árbol de la vida» (Gn 3:24). Puesto que Adán y Eva no guardaron/*shamar* de la serpiente al huerto, ese papel sería desempeñado por los querubines. Ellos guardarían/*shamar* el camino al árbol de la vida para que los dos humanos no intentaran reingresar.

Otra prueba de que Dios dio a Adán y Eva una vocación sacerdotal, y de que el Edén era un prototipo de santuario, se refleja en la rica iconografía del tabernáculo y, especialmente, del templo. Los santuarios de Dios eran todo menos casas de culto encaladas y escasamente decoradas. Por ejemplo, la menorá del tabernáculo estaba diseñada para parecer un árbol en flor. En cada una de sus seis ramas había «copas en forma de flor de almendro [...], con un cáliz y una flor» (Éx 25:33). En el templo había diez de estos candelabros (1R 7:49). Es probable que la menorá haya sido un ícono del árbol de la vida[2]. Irradiaba la luz de la vida en este espacio. En las cortinas azules, púrpuras y escarlatas del tabernáculo había bordadas imágenes de querubines (Éx 26:1), tal como en el cedro del templo se grabaron «figuras de querubines, palmeras y flores abiertas» (1R 6:29). Las dos puertas que conducían al Lugar Santísimo del templo estaban cubiertas de «figuras [talladas] de querubines, palmeras y flores abiertas» (6:32). En la parte superior de las dos columnas de la entrada del templo había «200 granadas», y en lo alto había lirios tallados (7:20, 22). El inmenso «mar de bronce» del templo estaba sostenido por doce imágenes de bueyes, tres en cada dirección (7:25). Y en los diez recipientes más pequeños había imágenes de leones, bueyes y querubines (7:29). En resumen, había imágenes de flora, fauna y querubines por todas partes. El impacto visual era seguro; decía fuerte y claro: «Oh hijos e hijas de Adán y Eva, ahora se encuentran en un nuevo Edén».

La expansión de los límites del Edén

En realidad, esa última frase, aunque cierta, es también una ligera exageración. Permíteme reformularla y explicar por qué no podemos afirmar que los santuarios del AT hayan sido réplicas exactas del Edén.

---

2. Sobre este tema, véase Carol Meyers, *The Tabernacle Menorah: A Synthetic Study of a Symbol from the Biblical Cult*, ASOR Dissertation Series 2 (Missoula, MT: Scholars, 1976), 133–181.

Cuando los israelitas estaban en el atrio de la casa del Señor, se encontraban en un entorno diseñado para recordar el paraíso. Eso es seguro. Lo hemos visto ejemplificado no solo aquí, sino también en el capítulo 4, donde analizamos muchos textos proféticos que entretejen los temas de la creación, el Edén y el Mesías. Pero sigue existiendo una diferencia importante entre el huerto y los santuarios posteriores: el *telos* u objetivo que Dios trazó para cada uno. En pocas palabras, una diferencia importante entre ellos era el tamaño que Dios quería que cada lugar tuviera. Esta es una verdad que a menudo se pasa por alto, así que la consideraremos cuidadosamente y pensaremos en sus implicaciones.

Cuando el Señor creó a Adán y Eva, los formó a su imagen y semejanza, los bendijo y pronunció estas palabras: «Sean fecundos y multiplíquense. Llenen la tierra y sométanla. Ejerzan dominio sobre los peces del mar, sobre las aves del cielo y sobre todo ser viviente que se mueve sobre la tierra» (Gn 1:28). La familia humana se extendería, tanto numérica como geográficamente. Año tras año, nacerían niños. Hectárea por hectárea, comenzarían a poblar el mundo, pues el Señor formó la tierra «para ser habitada» (Is 45:18). Pero ¿qué clase de mundo encontrarían? Uno al que tendrían que someter. El verbo para «someter» en Génesis 1:28, *kabash*, implica el uso de la fuerza. Se utiliza para describir conquistas militares, esclavitud y agresión física. En otras palabras, si los humanos habían de *kabash* la tierra, esto implica que fuera del huerto del Edén había un mundo que aún no era apto para la habitación humana. Como dice Beale, «Estaban en el montículo primitivo del Edén acogedor, fuera del cual se encontraba la tierra hostil. Debían extender la pequeña zona del huerto apta para la habitación, transformando la región caótica exterior en un territorio habitable»[3]. En otras palabras, *Adán y Eva, con sus descendientes, iban a edenizar gradualmente el mundo, a expandir el santuario de Dios hasta que finalmente cubriera toda la tierra.*

Génesis 1-2 fueron, por lo tanto, los estatutos para la expansión del santuario huerto de Dios, bajo el liderazgo de sus portadores de imagen sacerdotales. Ellos continuarían *abad*/sirviendo y *shamar*/guardando en un Edén cada vez más grande. La tierra sería despejada para sembrar

---

3. Beale, *Temple and the Church's Mission*, 81.

campos. Se construirían puentes para cruzar los ríos. Se construirían carreteras para viajar. Someterían la tierra, ejercerían dominio sobre las criaturas, y verían cómo el prístino reino de Dios se abriría paso hacia el norte, el sur, el este y el oeste. Este era el plan del Señor, como podemos deducir de Génesis 1-2.

En ese sentido, el huerto fue muy diferente a sus sustitutos —el tabernáculo y el templo—. Dios no le dijo a Moisés: «El año que viene, añade más metros cuadrados al tabernáculo». Su tamaño estaba definido. El templo, aunque mucho más grande que el tabernáculo, también era de un tamaño relativamente estático. Sin embargo, el huerto habría crecido a medida que nacían más sacerdotes, más tierra se hacía apta para la habitación humana, y la adoración se extendía en el mundo de Dios.

Sin embargo, el fracaso de Adán y Eva como sacerdotes, y su posterior expulsión del huerto, no fue en absoluto el final del plan de Dios para un Edén expansivo. Por el contrario, adoptó una forma diferente, con funcionarios distintos. Estos nuevos funcionarios —es decir, quienes extenderían el reino edénico— fueron el pueblo de Israel, comenzando por Abram y Sarai. Génesis empieza con un hombre y una mujer que, habiendo recibido la bendición de Dios, deben tener hijos y someter la tierra (1:28). Esta bendición y este mandato se repiten para otros hombres y mujeres: primero, para Noé y su familia (9:1, 7), y luego, para Abram y Sarai (12:2-3). Tras el casi sacrificio de Isaac, el Señor le dice a Abraham: «... te bendeciré grandemente, y multiplicaré en gran manera tu descendencia como las estrellas del cielo y como la arena en la orilla del mar, y tu descendencia poseerá la puerta de sus enemigos. En tu simiente serán bendecidas todas las naciones de la tierra, porque tú has obedecido Mi voz» (Gn 22:17-18). Aquí tenemos la misma bendición divina, anclada en el relato de la creación. También encontramos lenguaje de subyugación («poseerá la puerta de sus enemigos»), similar al *kabash* (someter) de 1:28, y una visión de la expansión universal del reino de bendición de Dios («todas las naciones de la tierra»). En resumen, Dios llama a Abram y Sarai a salir de su país y entrar en un país nuevo para ser un nuevo Adán y una nueva Eva en este lugar. Génesis 12 es, pues, Génesis 2 reiniciado.

La bendición y el mandato de Dios para el patriarca y la matriarca de Israel se repiten para Isaac (Gn 26:3-4, 24) y Jacob (28:3-4; 35:11-12). Observamos que la voluntad divina se cumple en sus descendientes cuando, por ejemplo, «Israel habitó en la tierra de Egipto, en Gosén. Allí adquirieron propiedades y fueron fecundos y se multiplicaron en gran manera» (47:27). Nuevamente, en un lenguaje que obviamente recuerda al de Génesis 1:28, leemos: «Pero los israelitas tuvieron muchos hijos y aumentaron mucho, y se multiplicaron y llegaron a ser poderosos en gran manera, y el país [de Egipto] se llenó de ellos» (Éx 1:7). Colectivamente, Israel se convirtió en el nuevo Adán y la nueva Eva, bendecidos y multiplicados. También estaban sometiendo (*kabash*), pues bajo el liderazgo de Josué, conquistaron la tierra que se les había prometido: «Entonces toda la congregación de los israelitas se reunió en Silo, y levantaron allí la tienda de reunión; y la tierra estaba sometida [*kabash*] delante de ellos» (Jos 18:1; *cf*. Nm 32:22, 29). Qué apropiado es ver aquí unida la subyugación de la tierra con el tabernáculo. El santuario de Dios, como el nuevo Edén, se erige cuando la tierra se halla sometida delante de Israel, el Adán y Eva colectivo.

Dios deseaba que Israel erradicara completamente de esta tierra sagrada a la población gentil rebelde, con sus lugares de culto. La tierra era santa (Sal 78:54), pero podía volver a ser profanada si Israel imitaba a las naciones idólatras que la habían profanado antes que ellos (Lv 18:24-30). Además de los descendientes sacerdotales de Aarón, el propio Israel era un reino de sacerdotes (Éx 19:6), por lo que los israelitas individuales eran —lo que podríamos llamar— sacerdotes externos al templo. Como tales, debían guardar/*shamar* el pacto de Dios («si en verdad [...] guardan [*shamar*] Mi pacto» [19:5]) y *abad*/servir/trabajar para el Señor («ustedes servirán al Señor su Dios» [23:25]). Todas las leyes de Éxodo a Deuteronomio podrían resumirse así: «Muestren amor a Dios y al prójimo viviendo vidas santas en este reino modelado según el Edén». Este era el modelo ideal que Israel estaba llamado a seguir, y ese modelo debía permanecer invariable hasta que Dios considerara que había llegado el momento de enviar a su Hijo Ungido.

Como cualquier lector de la historia de Israel sabe, las cosas no salieron como estaban previstas. Lejos de eso. El pueblo de Dios las echó a perder crasa y reiteradamente. El Salmo 106 resume la historia de Israel después de Josué: «No destruyeron a los pueblos, como el Señor les había mandado, sino que se mezclaron con las naciones, aprendieron sus costumbres, y sirvieron a sus ídolos que se convirtieron en lazo para ellos. Sacrificaron a sus hijos y a sus hijas a los demonios, y derramaron sangre inocente, la sangre de sus hijos y de sus hijas, a quienes sacrificaron a los ídolos de Canaán, y la tierra fue contaminada con sangre. Así se contaminaron en sus costumbres, y fueron infieles en sus hechos» (106:34-39). Este nuevo Adán y Eva colectivo destrozó su nuevo Edén. Envenenó el suelo. Contaminó la tierra. El nuevo huerto de Dios se convirtió en un prostíbulo espiritual. El templo mismo, epicentro de la santidad, el lugar que debía ser un modelo para el resto de la tierra, se convirtió en una cloaca teológica, fétida debido a su idolatría y lista para la destrucción (p. ej., 2R 16:10-16; Ez 8:1-18). Esa destrucción llegó finalmente en la persona de Nabucodonosor, cuyos ejércitos babilónicos destrozaron Jerusalén, arrasaron el templo y llevaron al cautiverio a la mayor parte de la población. Aunque una pequeña parte de los israelitas regresó del exilio bajo el liderazgo de hombres como Zorobabel y Esdras, y aunque hubo algunos momentos de esperanza en los siglos siguientes, en general, la nación nunca se recuperó realmente de lo sucedido en el 586 a. C.

Un santuario edénico

En los dos siglos anteriores al cautiverio en Babilonia, mientras la nación se inclinaba cada vez más hacia la destrucción y el exilio, los profetas comenzaron a ver un destello de esperanza en el horizonte, más allá del inminente y ardiente día del juicio. Ya hemos examinado varios oráculos que describen esta esperanza en términos de una nueva creación (capítulo 4) y un nuevo éxodo (capítulo 5). Además de estos textos, o a menudo integrada en ellos, está la promesa de un santuario edénico restaurado.

Ya vimos un ejemplo de esto en Isaías 2, cuando «el monte de la casa del Señor será establecido como cabeza de los montes. Se alzará sobre los collados, y confluirán [*najar*] a él todas las naciones» (2:2). Este es el monte del Edén, el santuario al que las naciones de todo el mundo «confluirán» (*najar*) tal como «Del Edén salía un río (*najar*) para regar el huerto» (Gn 2:10). Tal como aquel río «se dividía y se convertía en otros cuatro ríos» (2:10), las naciones de los cuatro rincones del mundo se fundirán en un único río humano que subirá esta montaña. Parafraseando a Isaías con un lenguaje más familiar —lenguaje del NT—, diríamos lo siguiente: el Mesías establecerá su reino, el lugar de la nueva creación, la Iglesia como el templo del Dios vivo, al cual atraerá a personas de todo el mundo mediante el bautismo y la predicación del evangelio.

Un par de capítulos después, Isaías reitera esta promesa con un lenguaje cargado de temas de la creación, el éxodo y el tabernáculo. Declara que, después del período de juicio (4:1-4), «el SEÑOR creará sobre todo lugar del monte Sión y sobre sus asambleas, una nube durante el día, [...] humo, y un resplandor de llamas de fuego por la noche; porque sobre toda la gloria habrá un dosel. Será un cobertizo para dar sombra contra el calor del día, y refugio y protección contra la tormenta y la lluvia» (4:5-6). Ahora bien, no tragues estas palabras como una bebida isotónica fría después de una carrera larga y sudorosa; saboréalas como una copa de vino añejo. «El SEÑOR creará [*bara*]...». Este es el verbo de Génesis 1:1, verbo del cual Dios es siempre el sujeto exclusivo. Allí, él *bara* los cielos y la tierra, pero aquí creará algo por encima de Sión y su pueblo reunido. De este modo, la actividad creadora de Dios pasa a concentrarse estrechamente en este lugar singular, y este lugar es Sión, donde se ubica la casa de Dios. Así, tenemos en perspectiva los focos conexos de la creación (Génesis) y el santuario (Éxodo).

En este lugar sagrado de la nueva obra creadora de Dios, él hace tres cosas: una nube, humo y fuego ardiente. Estas tres cosas, por supuesto, nos resultan familiares desde el Éxodo. Dios guiaba a Israel con una columna de nube durante el día y con una columna de fuego por la noche (p. ej., Éx 13:21). Llenó el tabernáculo con su nube de gloria (Éx 40:34). Envolvió el monte Sinaí con humo al descender sobre él (Éx 19:18). Este tríptico de nube, fuego y humo, por lo tanto, refuerza las conexiones creación/éxodo, Edén/santuario. Todas las «grandes cosas» del AT se repiten y potencian en Sión. Isaías continúa con la descripción de un dosel, un cobertizo, un refugio y una protección, todo lo cual comunica que se trata de un lugar de gozo y seguridad. El dosel, en particular, la *jupá*, significa también «cámara nupcial» (Jl 2:16 NVI; Sal 19:5 NVI). De hecho, la palabra *jupá* se sigue utilizando hoy en día para designar el dosel bajo el cual se sitúan los novios judíos durante su ceremonia de boda. Aquí tendrán lugar las nupcias divinas cuando Cristo se case con su amada esposa.

El profeta señala a Sión como el lugar donde el Señor hará una nueva creación, un nuevo éxodo y un nuevo tabernáculo para la humanidad. En la ceremonia matrimonial del Edén, Adán se casó con Eva, pero ahora, el Adán final, el Mesías, se casará con su novia, la Iglesia. El Señor estará presente como en el Sinaí y en el desierto: presente en esta montaña que se ha convertido, por así decirlo, en el Lugar Santísimo, al que acudirán todos los pueblos (Is 2:2).

Entre los profetas, el ejemplo más obvio de la promesa de un templo restaurado al estilo del paraíso es la visión expansiva de Ezequiel 40-48. El profeta dice: «En visiones de Dios, Él me llevó a la tierra de Israel y me puso sobre un monte muy alto, sobre el cual, hacia el sur, había una construcción parecida a una ciudad» (40:2). Lo que Ezequiel llama «monte muy alto» es lo que Isaías denomina el «monte de la casa del Señor [que] será establecido como cabeza de los montes» (2:2). En el NT, Juan se hace eco tanto de Isaías como (especialmente) de Ezequiel al ver «la ciudad santa, Jerusalén, que descendía del cielo» mientras está en «un monte grande y alto» (Ap 21:10). Ezequiel espera que sus oyentes piensen, por supuesto, en el monte Sión de Jerusalén, pero en un sentido elevado. Ya no se trata de un único punto topográfico, sino de un tipo de Sión que es antiguo y a la vez nuevo. ¿En qué sentido es antiguo? Es antiguo como el Edén, pues en otro lugar Ezequiel habla del «santo monte de Dios» en paralelo con el «Edén […] el huerto de Dios» (28:13-14). ¿En qué sentido es nuevo? Es nuevo porque este monte y este templo son arquitectónicamente escatológicos, es decir, apuntan al tiempo del fin y la obra del Mesías, que viene a edificar la Iglesia como el templo vivo de Dios (Ef 2:19-22), y que traerá la nueva Jerusalén desde el cielo (Ap 21:10).

Luego de proporcionar descripciones detalladas de los atrios de este templo, del templo mismo, del regreso de la gloria del Señor, del altar y de los deberes y sacrificios de los sacerdotes, Ezequiel ve un espectáculo notable: aguas «brotaban [...] de debajo del umbral del templo hacia el oriente, porque la fachada del templo daba hacia el oriente. Y las aguas descendían de debajo, del lado derecho del templo, al sur del altar» (47:1). A medida que Ezequiel rastrea el recorrido del agua, la profundidad de esta pasa del nivel de los tobillos a un nivel apto para nadar (47:3-5). Cuando este río del templo llega al mar Muerto, las aguas «desembocan en el mar; [y] entonces las aguas del mar quedan purificadas» (47:8). El mar Muerto se convierte en el mar Vivo por esta agua sagrada que fluye de la presencia de Dios. Normalmente los mares conquistan a los ríos, recibiéndolos y transformándolos en mar, pero este río vence al mar y lo transforma en lo que el río es. La vida vence a la muerte.

Además, a Ezequiel se le muestra que «en la orilla del río había muchísimos árboles a uno y otro lado» (47:7). Estos árboles eran «para comer. Sus hojas no se marchitarán, ni faltará su fruto. Cada mes darán fruto porque sus aguas fluyen del santuario; su fruto será para comer y sus hojas para sanar» (47:12). En el último capítulo de la Biblia, Juan reproduce el lenguaje de esta visión en forma casi exacta: «Después el ángel me mostró un río de agua de vida, resplandeciente como cristal, que salía del trono de Dios y del Cordero, en medio de la calle de la ciudad. Y a cada lado del río estaba el árbol de la vida, que produce doce clases de fruto, dando su fruto cada mes; y las hojas del árbol eran para sanidad de las naciones» (Ap 22:1-2). La primera vez que la Biblia menciona hojas, son las hojas de higuera que Adán y Eva cosieron para cubrir su desnudez (Gn 3:7). Invirtiendo ese emblema de miedo (3:10), las hojas de las visiones de Ezequiel y Juan son «para sanidad». Igualmente, puesto que el sufrimiento, el dolor y la muerte entraron en el mundo al comer del árbol del conocimiento del bien y del mal (Gn 3:14-19), los árboles regados por el santuario servirán de alimento, alimento que sustentará la vida durante todo el año. Tal como el río del Génesis comenzaba en el Edén, en el paraíso donde Dios caminaba (Gn 3:8), este río comienza en un nuevo tipo de Edén: aquello que Ezequiel llama «el templo» y que Juan llama «el trono de Dios y del Cordero», pues el templo de la nueva Jerusalén «es el Señor, el Dios Todopoderoso, y el Cordero» (Ap 21:22).

La Epístola de Bernabé, escrita entre los años 70 y 132 d. C., lo expresa así: Dios «hizo una segunda creación en los últimos días. Y el Señor dice: "He aquí, hago las últimas cosas como las primeras"» (6:13)[4]. Vemos así cómo se cierra el círculo de todo: la protología (primeras cosas) determina la escatología (últimas cosas). También podríamos decir lo inverso: las últimas cosas determinan las primeras, pues nuestro Señor, el maestro de la narración, tenía todo en perspectiva antes de siquiera empezar a contar la historia misma. El Apocalipsis se asemeja al Génesis tal como el Génesis se asemeja al Apocalipsis. El templo es como el Edén del mismo modo que el Edén (de hecho, toda la creación) fue como un santuario. Cuando profetas como Isaías o Ezequiel querían dar a sus oyentes una imagen de la salvación mesiánica venidera, a veces hablaban de un nuevo éxodo, otras veces de una nueva creación, y otras veces de un nuevo santuario edénico. Otras veces reunían las tres cosas en una.

Una ciudad mundial

A medida que hemos discutido estos retratos proféticos, es posible que hayas observado lo siguiente: en lugar de centrarse en la expansión centrífuga del Edén, estos antiguos videntes se centraron más bien en la reunión centrípeta de las naciones en Sión. Como hemos visto, Isaías, en particular, describe un movimiento mundial de exiliados al monte Sión. Esto plantea la pregunta: «Si los descendientes de Adán y Eva iban a edenizar gradualmente el mundo —a expandir el santuario de Dios hasta que finalmente cubriera toda la tierra—, ¿por qué esta esperanza no aparece restablecida en los profetas cuando esperan el advenimiento del Mesías?». La respuesta es sencilla: ¡sí aparece! Los profetas sí esperan una expansión del reino de Dios, pero su forma de referirse a este crecimiento es fácil de pasar por alto. Veamos algunos ejemplos.

Comenzaremos con el propio Isaías. Ya hemos señalado que Isaías 11 incorpora relatos de la creación (11:6-9), del éxodo (11:11-16) y de la vida de David (11:1, 10). En esta sección, un versículo en particular toca nuestra pregunta sobre la expansión del reino de Dios: «No dañarán ni destruirán en todo Mi santo monte, porque la tierra estará llena del

---

4. En Michael Holmes, *The Apostolic Fathers in English* (Ada, MI: Baker, 2006), 208.

conocimiento del Señor como las aguas cubren el mar» (11:9). El profeta está hablando de todos los animales (lobos, corderos, leopardos, osos, cobras, etc.) que viven en armonía entre sí y con la humanidad. Viven juntos, dice Dios, en «Mi santo monte». Pero observa lo que está en paralelo con el monte: «la tierra». Como las aguas cubren el mar, así la tierra será cubierta por el conocimiento de Dios. Lo que Isaías está insinuando es que el monte santo de Dios y la tierra son en realidad el mismo lugar y cubren el mismo territorio. En otras palabras, la santa morada de Dios en la tierra es, de hecho, la tierra. *El monte de Dios se ha expandido para abarcar el mundo entero.* O, para usar nuestro lenguaje anterior, el Señor ha considerado adecuado edenizar la tierra.

Lo que Isaías sugiere se hace explícito cuando Daniel interpreta el sueño de Nabucodonosor sobre la estatua hecha de oro, plata, bronce, hierro y arcilla (Dn 2:1-45). Esta estatua, que simboliza los diversos reinos del mundo, será golpeada y desmenuzada por «una piedra [...] cortada sin ayuda de manos» (2:34). Estos reinos caídos serán arrastrados como paja, dice Daniel, pero «la piedra que [golpeó] la estatua se convirtió en un gran monte que llenó toda la tierra» (2:35). ¿Qué es esta piedra o este gran monte? Daniel explica a Nabucodonosor que el «Dios del cielo levantará un reino que jamás será destruido, y este reino no será entregado a otro pueblo. Desmenuzará y pondrá fin a todos aquellos reinos, y él permanecerá para siempre» (2:44). Esta profecía de la «piedra» en Daniel, junto con Salmo 118:22-23, forma parte del trasfondo de las muchas referencias que Jesús hace a una «piedra» en el NT (p. ej., Mt 21:42, 44 [y sus paralelos en los sinópticos]; Hch 4:11; Ro 9:32-33; 1P 2:6-8). Y, por supuesto, lo que Daniel dice sobre «un reino que jamás será destruido» se repite por todos los evangelios a medida que Jesús y sus discípulos proclaman el reino de Dios.

Sin embargo, dada nuestra discusión actual, la frase que debería saltar de la página es esta: «Y la piedra que había golpeado la estatua *se convirtió en un gran monte que llenó toda la tierra*» (2:35; cursivas mías). Ya sea que identifiquemos esta piedra como Cristo mismo, como su Iglesia —en calidad de templo— o como su reino, al final, la conclusión y el efecto son la misma cosa: un monte llena todo el mundo. La frase «llenó toda la tierra» es un eco de Génesis 1:28, cuando Dios dice a Adán y Eva: «Sean fecundos y multiplíquense. Llenen la tierra». En la visión de Daniel, el plan inicial del Señor para el mundo se materializa en el Mesías. Él establecerá su reino, su Iglesia, como la realidad que el monte Edén y el monte Sión prefiguraban. Este reino, semejante a un monte, se expandirá hasta abarcar el mundo entero, de modo que, como dice Isaías, «la tierra estará llena del conocimiento del Señor como las aguas cubren el mar» (11:9).

Una última observación sobre este monte mundial: en el capítulo 4 vimos cómo Génesis 1-2, Isaías 65:17-18 y Apocalipsis 21:1-2 siguen el mismo patrón. El foco de estos tres textos pasa de la creación más amplia a la más estrecha, es decir, del cielo/tierra al Edén/Jerusalén. Isaías lo dice así: «Por tanto, Yo creo cielos nuevos y una tierra nueva, [...] voy a crear a Jerusalén» (65:17-18). Considerando lo que hemos visto en otras partes, especialmente en Daniel, quizás lo que Isaías está sugiriendo es más que un simple paralelo. En lugar de interpretarlo como «Dios hace una nueva creación y una nueva Jerusalén», debemos interpretar que «Dios hace una nueva creación *como* una nueva Jerusalén». El «gran monte» de Daniel, que llena toda la tierra, se convierte en la «Jerusalén» de Isaías, que es la nueva creación.

Esta lectura de Isaías se confirma en Apocalipsis, donde Juan toma prestado el lenguaje de Isaías para describir su visión. Tal como el profeta del AT, Juan ve una nueva creación (Ap 21:1), y luego ve «la ciudad santa, la nueva Jerusalén, que descendía del cielo, de Dios, preparada como una novia ataviada para su esposo. Entonces oí una gran voz que decía desde el trono: "El tabernáculo de Dios está entre los hombres, y Él habitará entre ellos y ellos serán Su pueblo, y Dios mismo estará entre ellos"» (21:2-3). La «ciudad santa», la «nueva Jerusalén» y el «tabernáculo de Dios» son expresiones de la misma realidad. *En la nueva creación, el santuario geográficamente específico y espacialmente limitado del AT es sustituido por una ciudad que llena todo el mundo nuevo.* Como sostiene Beale, «Los cielos nuevos y la tierra nueva se describen como un templo porque el objetivo de Dios de expandir universalmente el templo de su gloriosa presencia se habrá cumplido. Todo lo que los templos del

AT simbolizaban tipológicamente —un huerto del Edén recapitulado y ampliado, y todo el cosmos— se habrá finalmente materializado»[5]. Además, dado que la ciudad tiene forma de cubo (Ap 21:16) y está cubierta de oro puro (21:18), es el sustituto del Lugar Santísimo, que también era cúbico y de oro puro (1R 6:20). Tal como este Lugar Santísimo del AT era la morada de Dios en Israel, en la nueva creación «El tabernáculo de Dios está entre los hombres» en esta vasta ciudad semejante a un templo (Ap 21:3). Y tal como el sumo sacerdote, que era el único que podía entrar en el Lugar Santísimo, llevaba el nombre de Dios en su diadema (Éx 39:30), en el nuevo mundo todos tendrán el mismo estatus, pues «verán Su rostro y Su nombre estará en sus frentes» (Ap 22:4).

Lo que se revelará finalmente en el último día ya está actuando en este mundo viejo y moribundo. En Juan 2:19-22, Jesús identificó su cuerpo como el nuevo templo, que sería derribado (=crucificado) y en tres días reedificado (=resurrección). Juan también confiesa que el Logos encarnado es el nuevo tabernáculo donde contemplamos la gloria de Dios (1:14). Al ser bautizados en su cuerpo templo, morimos y somos resucitados con él (Ro 6:3-10), por lo que nos convertimos en «piedras vivas, [...] edificados como casa espiritual» (1P 2:5). «Cristo Jesús mismo [es] la piedra angular, en quien todo el edificio, bien ajustado, va creciendo para ser un templo santo en el Señor» (Ef 2:20-21). La Iglesia, como cuerpo de Jesús, es, pues, la presencia del templo-Cristo en esta vieja creación, el lugar de la obra re-creadora de Dios.

Como sacerdotes de Dios, nuevos Adanes y nuevas Evas, buscamos edenizar el mundo en preparación para la nueva creación venidera «haciendo discípulos de todas las naciones», por todo el mundo, «bautizándolos en el nombre del Padre y del Hijo y del Espíritu Santo, enseñándoles a guardar todo lo que» Jesús nos ha mandado (Mt 28:19-20). De este modo, adoramos al Padre, no en el monte de Samaria ni en Jerusalén, sino «en espíritu y en verdad», dondequiera que se proclama el evangelio, se realizan bautizos y se come la comida del Señor (Jn 4:22-24). Dondequiera que el pueblo de Dios se reúna con Cristo como piedras vivas en su templo —ya sea en Texas, China o Brasil—, nos hemos «acercado

---

5. Beale, *Temple and the Church's Mission*, 369.

al monte Sión y a la ciudad del Dios vivo, la Jerusalén celestial, y a
miríadas de ángeles, a la asamblea general e iglesia de los primogénitos
que están inscritos en los cielos, y a Dios, el Juez de todos, y a los espíritus
de los justos hechos ya perfectos, y a Jesús, el mediador del nuevo pacto, y
a la sangre rociada que habla mejor que la sangre de Abel» (Heb 12:22-24).

La gran historia

Lo que hemos tratado en este capítulo es la gran historia o «metanarrativa»
de la Biblia. Dios desea habitar con la humanidad en la tierra, para «ser
templo» con nosotros, y que nosotros lo seamos con él. Toda la historia
ha ido avanzando hacia ese objetivo. Puede que Dios, como dice el
proverbio, «escriba derecho con renglones torcidos», pero nos llevará de
la A a la Z en su propio tiempo y a su manera.

En la consumación de todo, la meta de Dios será manifiestamente
real. Oiremos una fuerte voz desde el trono que dirá: «El tabernáculo
de Dios está entre los hombres, y Él habitará entre ellos y ellos serán
Su pueblo, y Dios mismo estará entre ellos. Él enjugará toda lágrima de
sus ojos, y ya no habrá muerte, ni habrá más duelo, ni clamor, ni dolor,
porque las primeras cosas han pasado. El que está sentado en el trono
dijo: "Yo hago nuevas todas las cosas"» (Ap 21:3-5).

PREGUNTAS PARA DISCUSIÓN

1. Da algunos ejemplos de cómo las casas pueden decirnos algo
   sobre sus ocupantes. Entraremos en los detalles más adelante,
   pero, en general, ¿qué nos dice la casa de Dios sobre él? ¿Qué
   quiere que sepamos?

2. Repasa algunas de las similitudes entre la creación y el
   tabernáculo. ¿Qué lenguaje y estructura comparten ambos
   relatos? ¿De qué manera el tabernáculo era un microcosmos del
   mundo? ¿Cómo puede esta coincidencia entre la creación y el
   tabernáculo hacer más profunda nuestra lectura de Génesis 1?

3. ¿En qué se parecían a Adán y Eva los sacerdotes posteriores?
   ¿Cuáles fueron los dos deberes particulares que tuvieron en

común? ¿Cómo desempeñaron —o no— este oficio los dos primeros seres humanos? Discute de qué manera nuestra comprensión de Génesis 3 aumenta al ver a Adán y Eva como sacerdotes, y el huerto como un santuario.

4. Se citan numerosos pasajes para ilustrar toda la flora y la fauna del tabernáculo y el templo (Éx 25:33; 26:1; 1R 6:29-32; 7:20-49). ¿Qué mensaje visual transmitían estas imágenes de la creación y los querubines? ¿Es aplicable al culto o a las iglesias de hoy? Si es así, ¿cómo?

5. ¿Por qué se dice que Adán y Eva iban a edenizar el mundo? ¿De qué manera Génesis 1-2 constituyen los estatutos de expansión del santuario huerto de Dios, bajo el liderazgo de sus portadores de imagen sacerdotales?

6. ¿Por qué se habla de Génesis 12 como un reinicio de Génesis 2? En otras palabras, ¿en qué sentido Abram y Sarai son como un nuevo Adán y una nueva Eva? Discute de qué manera Dios continúa su plan iniciado en la creación, pero de un modo diferente, primero con el patriarca y la matriarca de Israel, y luego con toda la nación. ¿En qué tuvieron éxito o fracasaron?

7. ¿De qué manera Isaías 4:2-6 describe un santuario edénico restaurado? Destaca y discute los temas e imágenes de la creación, el éxodo, el Sinaí y el matrimonio que se mezclan y funden en esta sección.

8. Lee Ezequiel 47:1-12 y Apocalipsis 22:1-2. Traza el movimiento desde Génesis 1-2 hasta Ezequiel y Apocalipsis. ¿Qué cambia y qué permanece igual? ¿Cuál es el significado del río, los árboles y las hojas? ¿De qué manera este cuadro total enriquece nuestra apreciación de la obra salvadora de Dios?

9. ¿Cómo describen Isaías 11:9 y Daniel 2:35 la expansión mundial del reino de Dios? ¿Qué es el «monte» que llena toda la tierra? ¿Cómo cumple esto finalmente la voluntad de Dios expresada en Génesis 1:28?

10. Habla de cómo la promesa de un Edén en expansión o de un templo en expansión se está cumpliendo ahora a través de la obra del Espíritu. Utiliza estos textos para facilitar la discusión: Juan 1:14; 2:19-22; Romanos 6:3-10; 1 Pedro 2:5; Efesios 2:20-21.

Capítulo 7
Amueblado para la expiación

Si alguna vez has intentado seriamente leer toda la Biblia, es muy probable que hayas leído todo Génesis. Hay un montón de historias fascinantes y acontecimientos inesperados que mantienen nuestra atención en esas narraciones. Luego, tal vez hayas pasado al Éxodo, donde te adentraste en otra serie de emocionantes aventuras en torno a una zarza ardiente, diez horribles plagas, la división del mar Rojo y el viejo Moisés con sus dos tablas de piedra.

Sin embargo, si eres como muchos lectores, alrededor de Éxodo 25 te sentiste algo desconcertado —si no aburrido—. Más que meditar en un libro sagrado, tuviste la sensación de estar leyendo con gran esfuerzo planos de arquitectura o el catálogo de una costurera. «Construye esta mesa de esta longitud y de esta altura». «Haz este altar de este o aquel metal». «Cose esta prenda de vestir con tela de estos colores». Y así sucesivamente. Suponiendo que atravesaste esos capítulos tan detallados —y, si lo hiciste, ¡te felicito!—, antes de que te dieras cuenta, el libro volvió al *mismo* material para describir cómo todo se hizo cuidando hasta el menor detalle del tabernáculo. ¿Qué ocurre, exactamente, aquí? ¿Por qué tanto escrúpulo?

Ese es el tema de este capítulo. Sin embargo, no te preocupes; no vamos a empantanarnos en todos los detalles. Nuestro objetivo es el siguiente: queremos subir al tabernáculo, avanzar hacia el Lugar Santísimo y observar en el camino cómo los muebles y materiales sagrados del santuario divino sirvieron como prefiguraciones rituales de la persona y la obra del Mesías. Queremos ver de qué manera cosas como el altar, la menorá y el arca del pacto nos hablan de Jesús, su ministerio, su sacerdocio y su expiación. Queremos escuchar el evangelio mientras leemos estos capítulos de Éxodo y de otros lugares.

Me gusta pensar en todo el complejo del tabernáculo y del templo como la teodermis. «Teo–» significa Dios y «–dermis» significa piel, así que la teodermis es la piel de Dios. Todo lo que rodeaba al santuario, desde el altar exterior hasta el Lugar Santísimo, era como la piel de Dios. Así es como Israel «tocaba» a su Señor, entraba en una comunión salvadora con él.

Yahvé diseñó todo en el tabernáculo. Él mostró a Moisés el modelo que luego este y sus ayudantes construyeron, cosieron y martillaron en su lugar (Éx 25:9). Si te preguntabas por qué estos capítulos contienen tantos detalles, es por eso. El Señor quería que todo fuera «tal cual» porque cada aspecto del santuario estaba colmado de simbolismo teológico; un simbolismo que nos lleva a su cumplimiento en Jesús.

El altar de los sacrificios

Comencemos con el primer artículo del mobiliario sagrado que encontramos al acercarnos al tabernáculo: el altar. En hebreo, el sustantivo «altar» (*misbéakj*) proviene del verbo «sacrificar» (*zabakj*), por lo que «altar» significa simplemente «lugar de sacrificio». Aunque los altares se mencionan explícitamente por primera vez cuando Noé construye uno tras el diluvio (Gn 8:20), es de suponer que Caín y Abel los construyeron para hacer sacrificios (Gn 4:3-4). Los tres patriarcas también construyeron altares, al igual que muchos otros individuos a lo largo de la historia de Israel (p. ej., Gn 12:7; 26:25; 35:7; Jue 6:24; 1S 14:35).

Los altares eran el componente esencial del culto de Israel. No solo son anteriores al tabernáculo y el templo; en cierto modo, los superan. Lo que quiero decir es lo siguiente: *se podía tener un altar sin un santuario, pero no se podía tener un santuario sin un altar.* De hecho, un altar servía como una especie de santuario al aire libre, un lugar donde Dios se reunía con su pueblo. Cuando Abraham construyó altares por toda la tierra prometida, estaba erigiendo pequeños santuarios edénicos dondequiera que iba, reclamando la tierra como tierra santa de Dios.

En Éxodo hay un contraste esclarecedor entre la prohibición de hacer ídolos y la prohibición de hacer altares. El Señor dijo a Israel: «No harán [...] dioses de plata», y luego añadió: «Harás un altar de tierra para Mí» (Éx 20:23-24). En ambas frases, el verbo hebreo para «hacer» (asá) es el mismo. Para los no israelitas, sus ídolos eran el medio visible por el cual la deidad se manifestaba para bendecirlos. Con Israel era diferente. No debían hacer tales imágenes de plata u oro. ¿Qué debían hacer? Un altar de tierra. Ese era el lugar en el que Yahvé los bendeciría, como dice a continuación: «En todo lugar donde Yo haga recordar Mi nombre, vendré a ti y te bendeciré» (20:24). En el lugar de sacrificio, Dios visitaba a su pueblo y lo colmaba de bendiciones. El altar era el eje del cielo y la tierra.

Los altares del AT tienen al menos tres corolarios en el NT. En primer lugar, y de manera más obvia, los altares del AT, como lugares de los sacrificios señalados por Dios, eran una prefiguración del lugar de la crucifixión sacrificial, donde «el Cordero de Dios [...] quita el pecado del mundo» (Jn 1:29). En segundo lugar, puesto que los altares eran el eje del cielo y la tierra, eran una representación del propio Hijo de Dios, donde la humanidad y la divinidad se abrazan en una sola persona. En Cristo, Dios viene a nosotros y nos bendice.

Tercero, en un par de lugares del AT, se habla del altar como una «mesa» (Ez 44:16; Mal 1:7, 12). Era el lugar desde donde Dios alimentaba a su pueblo con las ofrendas de paz (Lv 7:11-36). Pablo se refiere a esta práctica en su carta a los Corintios: «Consideren al pueblo de Israel: los que comen los sacrificios, ¿no participan del altar?» (1Co 10:18). En ese contexto, el apóstol está hablando de la Santa Cena. Cuando dice que los israelitas «participaban» del altar del AT, utiliza la palabra griega koinonós. De ahí se deriva la palabra koinonía —comunión o compañerismo—. Inmediatamente antes de referirse al altar del AT y la koinonía de los israelitas con él, Pablo habla de la Santa Cena utilizando la misma raíz griega: «La copa de bendición que bendecimos, ¿no es la participación [*koinonía*] en la sangre de Cristo? El pan que partimos, ¿no es la participación [*koinonía*] en el cuerpo de Cristo?» (1Co 10:16).

La analogía de Pablo es clara: tal como Dios alimentó a los israelitas con la comida del sacrificio desde su altar —altar con el cual tenían *koinonía*—, Dios alimenta a los cristianos con el cuerpo y la sangre de Cristo —con los cuales tenemos *koinonía*—. Ese cuerpo y esa sangre, sacrificados en el altar de la cruz de una vez por todas, son ahora consumidos por nosotros desde los altares de nuestras iglesias. El autor de Hebreos parece referirse a esto cuando escribe: «Nosotros tenemos un altar del cual no tienen derecho a comer los que sirven en el tabernáculo» (Heb 13:10). Por lo tanto, el altar del AT prefigura la crucifixión, a Cristo, y la Comunión.

La pila de bronce

Entre el altar y el tabernáculo se encontraba la «pila de bronce» (Éx 30:18), hecha a partir de la fundición de «los espejos de las mujeres que servían a la puerta de la tienda de reunión» (38:8)[1]. Más tarde, en el templo, esta pila relativamente pequeña fue ampliamente extendida para convertirse en «el mar de metal fundido» (1R 7:23), al cual se añadieron otras diez pilas más pequeñas para su uso alrededor del santuario. Este «mar de bronce», como se lo suele llamar, estaba situado «al lado derecho de la casa hacia el sureste», con cinco de las pilas más pequeñas en el lado norte del templo, y cinco en el lado sur (7:39).

¿Para qué servían estas pilas? Probablemente, su razón utilitaria era servir como fuente general de agua para la limpieza en ambos santuarios. El sacrificio de animales es una actividad sucia, lo cual habría requerido una limpieza continua. Sin embargo, la razón divina explícita de ellas es esta: Dios dijo que, en la pila de bronce, «se lavarán las manos y los pies Aarón y sus hijos. Al entrar en la tienda de reunión, se lavarán con agua para que no mueran. También, cuando se acerquen al altar a ministrar para

---

1. Desgraciadamente, la Biblia no nos da ninguna información sobre estas mujeres y sus funciones. Se las vuelve a mencionar en 1 Samuel 2:22 como las mujeres con las que los corruptos sacerdotes hijos de Elí mantenían relaciones sexuales. Es de suponer que estas mujeres se dedicaban a las numerosas tareas relacionadas con el mantenimiento del tabernáculo y sus servicios.

quemar una ofrenda encendida al Señor» (Éx 30:19-20). El calzado o las sandalias, considerados universalmente impuros en el antiguo Cercano Oriente, debían quitarse en la presencia divina, por lo que los sacerdotes servían descalzos. Al igual que Moisés, quitaban sus sandalias porque estaban en tierra sagrada (Éx 3:5; cf. Jos 5:15). Antes de ofrecer un sacrificio o entrar en el Lugar Santo, debían lavarse las manos y los pies en una ablución ritual. Esta agua, relacionada con la palabra de Dios, limpiaba a los sacerdotes y los hacía aptos para entrar en la presencia del Señor.

El libro de Hebreos, haciéndose eco de esto y ampliándolo, dice: «Entonces, hermanos, puesto que tenemos confianza para entrar al Lugar Santísimo por la sangre de Jesús, por un camino nuevo y vivo que Él inauguró para nosotros por medio del velo, es decir, Su carne, y puesto que tenemos un gran Sacerdote sobre la casa de Dios, acerquémonos con corazón sincero, en plena certidumbre de fe, teniendo nuestro corazón purificado de mala conciencia y nuestro cuerpo lavado con agua pura» (Heb 10:19-22). Apropiándose del lenguaje del tabernáculo, Hebreos está diciendo que, por medio de Jesús, entramos en la presencia del Señor con «nuestro cuerpo lavado con agua pura». El verbo griego para «lavar» es *loúo*. Se utiliza en la Septuaginta para el baño/lavamiento de Aarón y de sus hijos sacerdotes (p. ej., Éx 29:4; 40:12; Lv 8:6). Su contraparte sustantiva, *loutrón*, se utiliza en el NT para el lavamiento bautismal: «el lavamiento del agua con la palabra» (Ef 5:26) y «el lavamiento de la regeneración y la renovación por el Espíritu Santo» (Tit 3:5). Utilizando una forma relacionada del verbo, *apoloúo*, Pablo dice a los corintios: «pero fueron lavados, pero fueron santificados, pero fueron justificados en el nombre del Señor Jesucristo y en el Espíritu de nuestro Dios» (1Co 6:11). Ananías también usó *apoloúo* cuando habló con Pablo después de que Jesús se le apareciera: «Y ahora, ¿por qué te detienes? Levántate y bautízate, y lava tus pecados invocando Su nombre» (Hch 22:16).

Por lo tanto, Hebreos nos dice que, en el NT, el corolario del agua de la «pila de bronce», del tabernáculo, y del «mar de metal fundido», del templo, es el agua bautismal. En esta «agua pura» son lavados no solo nuestras manos y nuestros pies, sino «nuestros cuerpos» (Heb

10:22). Es decir, somos limpiados por completo. En el AT, esta agua se usaba exclusivamente para quienes estaban en el sacerdocio, mientras ministraban en el santuario. Cuando somos bautizados, nos convertimos en sacerdotes de Cristo (1P 2:9), el cual es nuestro gran «Sacerdote sobre la casa de Dios» (Heb 10:21). El agua bautismal, unida a la palabra de Dios, nos limpia y nos hace aptos no solo para entrar en la presencia del Señor, sino para hacerlo con «confianza» (10:19).

El pan de la Presencia

Cuando los sacerdotes del AT entraban en el Lugar Santo, a su derecha estaba «la mesa del pan de la Presencia» (Nm 4:7), llamada también «la mesa de oro puro delante del SEÑOR» (Lv 24:6). En una ocasión, también se la clasifica como altar (Ez 41:22), probablemente porque el pan era ofrecido a Dios (altar) y además comido por los sacerdotes (mesa). Sobre esta mesa, de manera perpetua, había doce panes sin levadura, junto con «sus fuentes, sus vasijas, sus jarros y sus tazones con los cuales se [harían] las libaciones» (Éx 25:29). La docena de panes, sin duda representativa de las doce tribus de Israel, era consumida por los sacerdotes cada día de reposo, y luego sustituida por una nueva docena (Lv 24:5-9).

En hebreo, estos panes se llaman *lékjem panim*, literalmente «pan del rostro». ¿Por qué? Porque este pan, dice Dios, debe estar «delante de Mí [*lefanai*]»; literalmente, «hacia mi rostro» (Éx 25:30). En hebreo, estar en presencia de alguien es estar «en su cara» —aunque sin las connotaciones negativas que puede tener esa expresión—. Dado que la mesa estaba colocada justo afuera del Lugar Santísimo, estaba en la cara de Dios, en la proximidad inmediata del lugar más sacrosanto de la tierra, a corta distancia del trono terrenal de Yahvé. Podríamos decir que era el «pan en la cara de Dios» o, como dicen las traducciones más recientes, el «pan de la Presencia» del Señor. Tal como la masa se cuece en presencia de calor, estos panes, por así decirlo, se «cocían» ante la presencia real de la santidad. Además, este pan no solo era santo, sino «muy sagrado» (Lv 24:9), es decir, comunicaba la santidad de Dios a los sacerdotes. Al comer este pan, consumían la santificación.

Cuando los fariseos criticaron a los discípulos por arrancar espigas, frotarlas y comer de ellas mientras caminaban por un campo en el día de reposo, Jesús hizo referencia a una historia del AT relacionada con el pan de la Presencia. Dijo: «¿Ni siquiera han leído lo que hizo David cuando tuvo hambre, él y los que con él estaban; cómo entró en la casa de Dios, y tomó [*lambano*] y comió [*esdsío*] los panes consagrados, que a nadie es lícito comer sino solo a los sacerdotes, y dio [*dídomi*] también a sus compañeros?» (Lc 6:3-4; *cf.* Mt 12:1-8; Mr 2:23-28). Dado que, más tarde, tres de los verbos griegos utilizados aquí —tomar (*lambano*), comer (*esdsío*) y dar (*dídomi*)— se pronuncian cuando Jesús come su última Pascua con sus discípulos e instituye la Santa Cena (Lc 22:14-20), quizás el evangelista esté vinculando sutilmente estos dos relatos. Jesús concluye su respuesta a los fariseos diciendo: «El Hijo del Hombre es Señor del día de reposo» (6:5). Con ello, no solo establece un paralelo entre él y David; también reclama el título de «Señor del día de reposo». Como Señor, el día de reposo le pertenece. Y como Señor, pronto alimentará a su pueblo con algo mucho más grande que aquello con lo cual alimentó a David y sus compañeros.

En el AT, los sacerdotes consumían el «pan del rostro», panes que estaban muy cerca del rostro de Dios. Pero en la cena del Señor, consumimos el «pan del cuerpo», es decir, el pan que no está «muy cerca» de Dios, sino que es la carne de Dios mismo. Los tres evangelistas recogen las palabras sin ambigüedad: «esto es mi cuerpo» (Mt 26:26; Mr 14:22; Lc 22:19). Aquel que, únicamente con su palabra, creó los cielos y la tierra, ciertamente es capaz de poner su cuerpo en el pan utilizando una palabra similar. Si el pan «muy sagrado» de la Presencia comunicaba la santidad a los sacerdotes de Israel, el pan-cuerpo de la Cena nos santifica, es decir, nos da la santidad de Jesús al poner el cuerpo santo de Jesús en nuestro cuerpo.

El candelabro

Justo enfrente de la mesa del pan de la Presencia, en el lado izquierdo/ sur del santuario, estaba la menorá (Éx 25:31-40; 40:24-25; Lv 24:1-4; Nm 8:1-4). Este candelabro estaba diseñado para asemejarse a un árbol en flor, con un tronco y tres ramas a cada lado. Aarón y sus hijos debían obtener «aceite puro de olivas machacadas para el alumbrado, para hacer arder la lámpara continuamente» (Lv 24:2). El fruto de este árbol ritual de la vida era la luz.

La menorá es rica en significado simbólico y teológico. En primer lugar está la luminosidad misma. En Génesis 1:3-5, la luz es lo primero cuya creación se pronuncia («Sea la luz»), la primera parte de la creación que obtiene la aprobación de Dios («Dios vio que la luz era buena»), la primera separación («Dios separó la luz de las tinieblas»), y lo primero que recibe un nombre («Dios llamó a la luz día»). A partir de entonces, desde Génesis hasta Apocalipsis, la luz representa la vida, la alegría, la salvación, el evangelio e incluso al propio Cristo, que es «la luz del mundo» (Jn 8:12), en quien está «la vida, y la vida era la luz de los hombres» (Jn 1:4). Pablo vincula directamente la creación de la luz con nuestra nueva génesis en Jesús: «Pues Dios, que dijo: "De las tinieblas resplandecerá la luz", es el que ha resplandecido en nuestros corazones, para iluminación del conocimiento de la gloria de Dios en el rostro de Cristo» (2Co 4:6).

En segundo lugar está la forma arbórea del candelabro. Tal como el árbol del Edén daba vida, en el santuario edénico esta menorá semejante a un árbol fue plantada para dar luz. Ambos árboles prefiguran a Cristo, que en el madero de la cruz se convirtió para nosotros en luz y vida, a fin de que, estando en oscuridad, veamos, y estando muertos, vivamos.

El tercer elemento de la menorá es un ejemplo fascinante de cómo se entrelazan varias partes de la Escritura. El candelabro tiene siete luces —en el simbolismo bíblico, el siete representa totalidad, perfección, culminación—. En Apocalipsis, Juan ve «Delante del trono [...] siete lámparas de fuego ardiendo, que son los siete Espíritus de Dios» (Ap 4:5). Estos, sin embargo, no son siete espíritus separados, sino el único y séptuple —es decir, perfecto y completo— Espíritu de Dios. Este es el mismo Espíritu séptuple indicado en otras partes de Apocalipsis, pues el Cordero Cristo tiene «siete cuernos y siete ojos, que son los siete Espíritus de Dios enviados por toda la tierra» (5:6). Este Espíritu séptuple se basa en Isaías 11:2, donde leemos sobre el Mesías: «Y reposará sobre Él el Espíritu del Señor [1], Espíritu de sabiduría [2] y de inteligencia [3], Espíritu de consejo [4] y de poder [5], Espíritu de conocimiento [6] y de temor del Señor [7]». Estas siete palabras o frases describen quién es este séptuple Espíritu Santo.

El Espíritu de Dios también está relacionado con el candelabro en una visión de Zacarías. Al profeta se le muestra una menorá con dos olivos, uno a cada lado. Los dos olivos, que producen aceite para el candelabro, son «los dos ungidos [literalmente, "hijos de aceite"] que están de pie junto al Señor de toda la tierra» (Zac 4:14). Estos dos «hijos de aceite» son los dos oficios de sacerdote y rey. Cuando el mensajero de Dios le pregunta a Zacarías si sabe quiénes son estos, y Zacarías confiesa su ignorancia, el mensajero le dice: «"No por el poder ni por la fuerza, sino por Mi Espíritu", dice el Señor de los ejércitos» (4:6). Estas palabras conectan al Espíritu Santo con los olivos y el aceite que fluye de ellos hacia la menorá. Así, una vez más, el candelabro y el Espíritu están vinculados. Esta visión es el trasfondo de la visión de Juan en Apocalipsis 11, donde «dos testigos», vestidos de cilicio, profetizan por 1260 días: «Estos son los dos olivos y los dos candelabros que están delante del Señor de la tierra» (Ap 11:4). Mientras que Zacarías vio dos olivos y *un* candelabro, Juan ve dos olivos y *dos* candelabros. Estos dos candelabros humanos son los testigos, los predicadores, que iluminan un mundo de tinieblas con el poder del Espíritu y la luz de la palabra de Dios.

Antes de sintetizar todos estos textos, deberíamos también señalar que la menorá representa a la Iglesia. En su visión inicial, Juan ve a Jesús con las vestiduras de un sumo sacerdote, pues está «vestido con una túnica que le llegaba hasta los pies y ceñido por el pecho con un cinto de oro» (Ap 1:13). En la Septuaginta, las palabras griegas para «túnica» (*poderes*) y «cinto» (*zone*) se utilizan también para traducir del hebreo el manto y el cinturón del sumo sacerdote (Éx 28:4). ¿Dónde está situado el Sacerdote Cristo? «Vi siete candelabros de oro. [Y] En medio de los candelabros, vi a uno semejante al Hijo del Hombre» (Ap 1:12-13). En este escenario similar a un templo, rodeado de candelabros, Jesús el Sacerdote dice que «los siete candelabros son las siete iglesias» (1:20), las mismas siete Iglesias a las cuales Jesús está a punto de enviar sus cartas (Ap 2:1–3:22).

Reunamos en un mosaico todas estas piezas del simbolismo bíblico de la menorá. El candelabro es el emblema de Jesús, su Iglesia, su Espíritu, sus ministros. Aquel que es ungido por el séptuple Espíritu unge a su vez a otros para que proclamen su verdad salvadora. Todos los que escuchan y creen son rescatados de las tinieblas, iluminados por el Espíritu de Cristo, reciben el fruto de la luz del árbol cruciforme y están al interior del templo del Padre como la Iglesia.

El altar del incienso

El tercer elemento del Lugar Santo era el altar del incienso (Éx 30:1-10). Cuando Dios se lo describe a Moisés, sobresalen varias características. Para empezar, observa cuán específico es el Señor en cuanto a su ubicación: «Pondrás el altar delante del velo que está junto al arca del testimonio, delante del propiciatorio que está sobre el arca del testimonio, donde Yo me encontraré contigo» (Éx 30:6). Cuando el sacerdote se sitúa ante este altar, se encuentra con Dios. Todo lo que separa a la humanidad de Dios es el velo.

¿Cuál es la finalidad del altar? «Aarón quemará incienso aromático sobre él. Lo quemará cada mañana al preparar las lámparas. Cuando Aarón prepare las lámparas al atardecer, quemará incienso. Habrá incienso perpetuo delante del Señor por todas las generaciones de ustedes» (Éx 30:7-8). Zacarías, el padre de Juan el Bautista, estaba ante este altar cuando el ángel Gabriel se le apareció mientras afuera los adoradores oraban (Lc 1:8-11). El incienso escribía las oraciones con humo y aroma. Las peticiones podían verse y olerse. Como ora el salmista: «Sea puesta mi oración delante de Ti como incienso» (141:2). Y también en Apocalipsis, las «copas de oro llenas de incienso [...] son las oraciones de los santos» (5:8; cf. 8:3-5). El incienso, en efecto, dice: «Señor, no solo escucha, sino también ve y huele mi oración».

Había un parentesco ritual entre el altar de los holocaustos, en el atrio, y el altar del incienso, en el Lugar Santo. Obviamente, ambos se llamaban «altares». Pero además, aunque en el altar del incienso no se sacrificaban animales, a veces se aplicaba la sangre del sacrificio en sus esquinas, que tenían forma de cuerno. Cuando se sacrificaba un toro como ofrenda por el pecado, ya fuera por el sumo sacerdote o por toda la congregación, el sacerdote debía «[mojar] su dedo en la sangre y [rociar] siete veces de la sangre delante del Señor, frente al velo» y «[poner] también de esa sangre sobre los cuernos del altar del incienso aromático que está en la tienda de reunión» (Lv 4:6-7; *cf.* 4:18). Fuera del Día de la Expiación, esto es lo más cerca que la sangre de los sacrificios llegaba a estar del propiciatorio. El altar del incienso era, por lo tanto, un «hermano de sangre» del altar de los holocaustos. El humo del incienso salía de este altar interior tal como el humo del sacrificio salía del altar exterior. El incienso de la oración y la sangre de la expiación estaban inextricablemente unidos.

Podríamos pensar que, de todos los deberes de los sacerdotes, quemar incienso ante Dios era algo de una importancia relativamente menor. Que, sin duda, lo hacían, pero que tenían muchas otras tareas más serias e impactantes que realizar. Sin embargo, ¡qué equivocados estaríamos! Quemar incienso era de una importancia tan primordial que, en varios textos, figura en el resumen de los deberes que encapsulan lo que significa ser sacerdote. Hablando de la tribu sacerdotal de Leví, Moisés dijo: «Ellos enseñarán Tus ordenanzas a Jacob y Tu ley a Israel. *Pondrán incienso delante de Ti*, y holocaustos perfectos sobre Tu altar» (Dt 33:10; cursivas mías). Un profeta que no conocemos le dijo a Elí: «¿No los escogí de entre todas las tribus de Israel para ser Mis sacerdotes, para subir a Mi altar, *para quemar incienso*, para llevar un efod delante de Mí?» (1S 2:28; cursivas mías). El cronista dice: «Y Aarón fue separado para ser santificado como el más santo, él y sus hijos para siempre, *para quemar incienso delante del Señor*, para servirle y para bendecir en Su nombre para siempre» (1Cr 23:13; cursivas mías). No se trataba de un deber trivial. Por el contrario, la quema de incienso como una encarnación ritual de la oración por la nación de Israel era una característica definitoria del sacerdocio del AT.

La razón de esto se hace evidente cuando reflexionamos sobre cómo el altar del incienso, y los rituales relacionados con él, encajan en el trabajo del sumo sacerdote mesiánico. Cuando el autor de Hebreos habla de Jesús y su nombramiento como sacerdote por parte del Padre, describe un aspecto importante de esta vocación: «Cristo, en los días de Su carne, habiendo ofrecido oraciones y súplicas con gran clamor y lágrimas al que lo podía librar de la muerte, fue oído a causa de Su temor reverente. Aunque era Hijo, aprendió obediencia por lo que padeció; y habiendo sido hecho perfecto, vino a ser fuente de eterna salvación para todos los que le obedecen, siendo constituido por Dios como sumo sacerdote según el orden de Melquisedec» (Heb 5:7-10). El verbo griego para «ofrecer» (*prosfero*) se utiliza repetidamente en la Septuaginta para describir el ofrecimiento de sacrificios: sesenta y nueve veces solo en Levítico. Los evangelios registran múltiples ocasiones en las que Jesús realizó estas «ofrendas de oración», siendo la más memorable la noche en que fue traicionado, cuando, «estando en agonía, oraba con mucho fervor; y Su sudor se volvió como gruesas gotas de sangre, que caían sobre la tierra» (Lc 22:44; *cf.* Mt 14:23; Mr 6:46; Jn 17:1-26). De hecho, de las «siete palabras» de la cruz, tres son oraciones (Lc 23:34, 46; Mt 27:46). Nuestro sumo sacerdote murió con una oración en sus labios. Y luego, sentado a la derecha del Padre tras su resurrección y ascensión, «intercede por nosotros» (Ro 8:34). Utilizando el mismo verbo para «interceder» (*entunjano*), Hebreos dice que Cristo «es poderoso para salvar para siempre a los que por medio de Él se acercan a Dios, puesto que vive perpetuamente para interceder por ellos» (7:25).

La intercesión de Cristo por nosotros tiene como base y fuente el sacrificio de este sacerdote por los pecados de la humanidad. Lo que quiero decir es esto: Jesús intercede no solo como el Hijo divino, sino precisamente como el Hijo divino y sacerdotal que fue «obediente hasta la muerte, y muerte de cruz» (Fil 2:8). *Tal como en el AT existía la más estrecha comunión entre el altar del incienso y el altar de los holocaustos —una comunión basada en la sangre que se aplicaba a ambos—, también existe la más estrecha comunión entre el sacrificio y la oración de nuestro sumo sacerdote, Jesús.* Pablo escribe que «Cristo [nos] amó y se dio a sí mismo por nosotros, ofrenda y sacrificio a Dios, como fragante aroma» (Ef 5:2). Las palabras griegas que aquí se traducen como «fragante aroma» (*osmén euodías*) son utilizadas por la Septuaginta en la traducción de Levítico, en contextos rituales, para traducir el «aroma agradable» que ascendía a Dios desde los sacrificios (p. ej., Lv 1:9, 13, 17; *cf.* Gn 8:21; Éx 29:18). El grato olor del «incienso» de las oraciones de Cristo es el mismo que el «aroma fragante» del sacrificio de su propia persona para el Padre. El humo de sus peticiones huele a sangre, la sangre que «habla mejor que la sangre de Abel» (Heb 12:24). Jesús es, pues, la encarnación de la oración. En él, nuestras oraciones son escuchadas, vistas y olidas por el Padre.

El velo

En el AT no existía la democracia de la santidad. Algunos lugares y cosas eran más santos que otros. El grado de santidad de las cosas dependía de su proximidad espacial al Lugar Santísimo, donde el Señor de los ejércitos, tres veces santo, moraba entre los querubines (Is 6:3). Nosotros tendemos a concebir la santidad en términos morales, pero los israelitas pensaban en ella en gran medida en términos de espacio. A partir del centro, y yendo hacia el exterior, había esferas de santidad dispuestas en círculos concéntricos. En el centro estaba el Lugar Santísimo, luego el Lugar Santo, el atrio con el altar, Jerusalén, y los hogares israelitas, hasta llegar a la frontera de la tierra santa. Cuanto más lejos del Lugar Santísimo estaba algo, menos santo era. Así de simple. Todo tenía que ver con la proximidad a la presencia de Dios. Solo él era santo, así que solo él era la fuente de toda santidad. Todo lo que no fuera Dios tenía una santidad «prestada» o «conferida» por el Santo.

Imaginemos que entramos en la tierra prometida desde Siria o Egipto, en dirección al templo de Jerusalén. A medida que avanzamos desde la periferia (es decir, desde la frontera de la tierra santa) hacia el centro (es decir, hacia el Lugar Santísimo), nos encontraremos con marcadores de límites rituales. Aunque técnicamente no sea una frontera, podemos pensar en la muralla de Jerusalén como una de ellas. Una vez dentro de Jerusalén, nos encontramos en la esfera de la «ciudad santa» (Is 52:1; Neh 11:1). Al acercarnos al templo, pasaremos a otra esfera, los santos atrios de la casa del Señor (Sal 135:2), los atrios a los que entramos «con alabanza» (100:4). En el templo de Herodes —el templo del NT— había múltiples atrios a los que tenían acceso diferentes personas. En el atrio exterior o atrio de los gentiles podían reunirse judíos y gentiles. Dentro de este atrio había señales, en latín y griego, que advertían a los gentiles que no debían seguir adelante: «Quien sea detenido, él mismo será responsable de su muerte»[2]. A continuación estaba el atrio de las mujeres [judías], o el atrio de la oración, seguido del atrio de los israelitas o atrio de los hombres.

Atravesando estos diversos espacios, ingresamos al atrio delantero del templo propiamente dicho —el atrio de los sacerdotes—, donde se encuentran el altar y el mar de bronce. Ya estamos muy cerca del epicentro de la santidad. Saliendo de este atrio, entramos en el Lugar Santo, dotado de todo lo que hemos comentado en las últimas páginas. Situados frente al altar del incienso —en nuestra mente—, tenemos por delante otro marcador de límite: el velo (Éx 26:31-33). Es la última frontera que se debe cruzar. Adentro estaba Dios, y afuera, el sacerdote. El velo interior marcaba el lugar en el que Dios y la humanidad se reunían diariamente y de la manera más estrecha.

El NT nos presenta dos formas diferentes de entender el simbolismo de este velo. La primera es cuando «Jesús, clamando otra vez a gran voz, exhaló el espíritu. En ese momento el velo del templo se rasgó en dos, de arriba abajo» (Mt 27:50-51; *cf.* Mr 15:38; Lc 23:45). Hay varios mensajes rituales diferentes ligados a este acontecimiento único. Por lo pronto, señala el cumplimiento, y por ende el cierre, del Día de la Expiación (Lv 16). El sumo sacerdote ya no irá detrás del velo, con la sangre de un animal en la mano, para rociarla hacia el propiciatorio. Todo eso ha terminado. Cristo «entró al Lugar Santísimo una vez para siempre, no por medio de la sangre de machos cabríos y de becerros, sino por medio de Su propia sangre, obteniendo redención eterna» (Heb 9:12).

La desaparición del velo también significaba que Dios estaba trasladándose y llevando su santidad consigo. Sí, por un lado, la cortina rasgada señala que podemos, con confianza, entrar en el Lugar Santísimo por la sangre de Jesús (Heb 10:19). De eso no hay duda. Sin embargo, por otro lado, también significa que Dios está en movimiento. Zacarías había profetizado mucho tiempo atrás que llegaría un día en el que incluso los cascabeles de los caballos llevarían la inscripción «SANTIDAD AL SEÑOR», las mismas palabras reservadas para la mitra del sumo sacerdote

---

2. Los arqueólogos han desenterrado al menos dos señales de este tipo. Véase, por ejemplo, Elias J. Bickerman, «The Warning Inscriptions of Herod's Temple», *Jewish Quarterly Review*, n. s., 37, nro. 4 (abril de 1947): 387-405.

(Zac 14:20). Añade que las ollas caseras serían tan santas como las utilizadas en los sacrificios del templo (14:21). En otras palabras, el Señor rasgó la cortina, derribó la puerta y ha traído el Lugar Santísimo hasta nosotros. Está ampliando el templo y santificando a medida que avanza. A su salida, este edificio se convirtió en un exsantuario, el antiguo domicilio de la deidad. El velo rasgado era la mortaja del templo muerto. Aunque la Iglesia primitiva seguiría reuniéndose allí por un tiempo, el templo era un «muerto andante». En el año 70 d. C., el martillo romano caería sobre él y nunca sería reconstruido. Para los cristianos, ahora había un solo templo: Jesús el Mesías, cuyo cuerpo resucitado es nuestro santuario viviente (Jn 2:19-21).

La segunda forma importante de entender el simbolismo del templo se encuentra en Hebreos, al que ya hemos aludido en múltiples ocasiones: «Entonces, hermanos, puesto que tenemos confianza para entrar al Lugar Santísimo por la sangre de Jesús, por un camino nuevo y vivo que Él inauguró para nosotros por medio del velo, es decir, Su carne, y puesto que tenemos un gran Sacerdote sobre la casa de Dios, acerquémonos con corazón sincero, en plena certidumbre de fe, teniendo nuestro corazón purificado de mala conciencia y nuestro cuerpo lavado con agua pura» (Heb 10:19-22). El velo del AT marcaba el lugar donde Dios y la humanidad se reunían. Cuando el Señor Jesús se hizo carne, unió ambos lados de la cortina, el lado de Dios y el lado humano, en su propia persona. *La carne de Jesús, como el velo, es el lugar donde Dios y la humanidad se reúnen.* Es el medio por el que ahora tenemos un camino nuevo y vivo hacia el Padre. Es «nuevo» porque no forma parte del antiguo pacto. Es un camino «vivo» porque Jesús mismo vive y vivifica a quienes vienen al Padre a través del velo de su carne. Por tanto, la cortina del templo, colgada como una barrera 364 días al año, y un día al año como entrada, ha llegado a ser, en el Hijo encarnado, una entrada todos los días del año para quienes, por la fe, ingresan al Lugar Santísimo.

El arca del pacto y el propiciatorio

En nuestro recorrido por el santuario, hemos dedicado tiempo a meditar sobre el altar de los sacrificios, la fuente de bronce, la mesa del pan santísimo, la menorá, el altar del incienso y el velo. Ahora llegamos a nuestra meta. Entramos en una sala de forma cúbica y cubierta de oro que es muy poco ortodoxa, al menos desde la perspectiva de cualquier otra religión del antiguo Cercano Oriente. En el Lugar Santísimo del rey divino, esperaríamos ver un trono. Y lo vemos. También esperaríamos ver un estrado. Y lo vemos. Hasta aquí, todo bien. Pero hay una ausencia importante y evidente en este recinto, una ausencia que habría sorprendido y desconcertado a cualquier persona no israelita del mundo antiguo.

Todos, probablemente, habrían hecho la misma pregunta: ¿Dónde está tu Dios?

Hoy en día, la mayoría de la gente se imagina a Dios o a los dioses como poderes invisibles, completamente separados de la esfera de lo creado, sin necesidad de imágenes o estatuas. En el mundo de Israel era diferente. Los dioses y las diosas habitaban en las cosas creadas que sus adoradores les habían construido como morada. Estas imágenes podían ser sencillas o decoradas —hechas de madera, piedra o metales preciosos—, pero se creía que cada una de ellas era el conducto por medio del cual las deidades habitaban entre sus devotos, los bendecían y recibían sus sacrificios.

Sin embargo, Yahvé le dejó muy claro a Israel que él no era como los demás dioses, ni ellos eran como los demás pueblos: «No te harás ningún ídolo, ni semejanza alguna de lo que está arriba en el cielo, ni abajo en la tierra, ni en las aguas debajo de la tierra. No los adorarás ni los servirás» (Éx 20:4-5). Tenía una idea mejor. En lugar de imágenes o estatuas de sí mismo, Yahvé le dio a Israel su altar, en el exterior del templo (20:24; ve lo discutido anteriormente), y en el interior, les dio su trono y su estrado, es decir, el propiciatorio y el arca del pacto.

La palabra hebrea para arca es *arón* (diferente, por cierto, del arca de Noé, que era una *tebá*). Esta arca es básicamente una «caja» o «cofre». *Arón* se refiere a un cofre de dinero (2R 12:10) o a un ataúd (Gn 50:26), pero la mayoría de las veces se refiere al arca o caja del pacto. Es «del pacto» porque en su interior se guardaban las dos tablas de piedra en que estaban grabadas las palabras del pacto (Éx 25:16, 21-22). David también se refiere a esta arca como el «estrado de nuestro Dios» (1Cr 28:2; *cf.* Sal 132:7). Más tarde, también albergó una vasija de maná y la vara de Aarón que había florecido (Éx 16:33; Nm 17:10; Heb 9:4).

La tapa del arca era una placa de oro llamada *kapóret.* «Propiciatorio» es más una paráfrasis teológica que una traducción estricta. *Kapóret* se forma a partir del verbo *kafar,* que significa cubrir o expiar. La *kapóret* es, pues, la «tapa de expiación» o la «cubierta de expiación». En el tabernáculo, encima de esta tapa, dos querubines de oro estaban el uno frente al otro, con sus alas extendidas, formando un trono para el invisible Yahvé. Por eso los Salmos dicen que está «sentado sobre los querubines» (80:1; 99:1). El Dios entronizado se reunió y habló con Moisés allí: «Allí me encontraré contigo, y de sobre el propiciatorio, de entre los dos querubines que están sobre el arca del testimonio, te hablaré acerca de todo lo que he de darte por mandamiento para los israelitas» (Éx 25:22). Tal como un rey terrenal se reunía con sus súbditos y emitía edictos desde su trono, así hizo Yahvé con Moisés.

Aunque Yahvé no permitía que se hiciera ninguna imagen de sí mismo, el arca y su tapa expiatoria funcionaban como una representación de su presencia invisible. El arca, envuelta y llevada por los levitas, los guiaba en sus viajes por el desierto (p. ej., Nm 10:33-36; 14:44). Cuando los pies de los que llevaban el arca entraron en el Jordán, las aguas se separaron (Jos 3:11-17). El arca fue transportada alrededor de la ciudad de Jericó para preparar la derrota de esa ciudad (Jos 6:4-13). Más tarde, cuando el arca fue capturada por los filisteos, funcionó como la personificación de Yahvé, ante la cual el ídolo cayó y perdió literalmente la cabeza (1S 5:2-5).

En el culto israelita, el arca y su tapa eran tan centrales para el Día de la Expiación como lo es la cruz para el Viernes Santo. En este día, el sumo sacerdote entraba tres veces en el Lugar Santísimo: primero, para colocar incienso allí y nublar el área con humo (Lv 16:12-13); segundo, para rociar la sangre de un novillo (16:14); y tercero, para rociar la sangre de un macho cabrío (16:15). La sangre se rociaba siete veces «sobre el propiciatorio y delante del propiciatorio» (16:15). ¿Por qué? «Hará, pues, expiación por el lugar santo a causa de las impurezas de los israelitas y a causa de sus transgresiones, por todos sus pecados; así hará también con la tienda de reunión que permanece con ellos en medio de sus impurezas» (16:16). Así que la sangre expiaba todo el tabernáculo, es decir, limpiaba esta estructura que entraba en contacto con la humanidad pecadora. La sangre también expiaba el altar (16:18), al sumo sacerdote, a su familia y a todo el pueblo de Israel (16:17). Lo que hacía único a este día es que la sangre del sacrificio llegaba hasta el trono mismo de Dios. No había otro día en que sucediera esto.

Este día de expiación, por muy especial que fuera, por mucho que beneficiara al pueblo de Israel, era además insuficiente. De hecho, *fue divinamente diseñado para ser insuficiente* (*cf.* Heb 9:8-10). Se necesitaba un mejor sacrificio, realizado por un mejor sacerdote, en un mejor tabernáculo, con un mejor trono al cual llegara la sangre, en un solo acto de expiación. Jeremías profetizó el momento en que esto sucedería. Dijo a sus oyentes que llegaría un día en el que «"no se dirá más: 'Arca del pacto del Señor'. No les vendrá a la mente ni la recordarán, no la echarán de menos ni será hecha de nuevo. En aquel tiempo llamarán a Jerusalén: 'Trono del Señor'; y todas las naciones acudirán a ella, a Jerusalén, a causa del nombre del Señor; y no andarán más tras la terquedad de su malvado corazón"» (3:16-17). El arca del pacto será sustituida por la propia Sión. *Jerusalén se convertirá en la nueva arca*, es decir, en el trono de Yahvé. Allí, él reinará a plena luz, públicamente, rodeado de judíos y gentiles por igual.

Esta profecía de Jeremías se cumplió en la crucifixión de Jesús. Reinó desde el trono de la cruz, con vista a la ciudad de Jerusalén, el arca nueva y ampliada. A su izquierda y a su derecha no había querubines, sino criminales. Rodeado de judíos y gentiles, este sumo sacerdote consumó el antiguo día de la expiación sacrificándose a sí mismo. Con ello, llevó también a su cumplimiento el arca del pacto y su cubierta expiatoria. Las tablas de la ley, que se encontraban en el arca, se alzaban como acusadoras de la humanidad porque habíamos roto esos mandamientos con sus exigencias legales. Estábamos en deuda con Dios por haberlas infringido. Pero el Padre canceló «el documento de deuda que consistía en decretos contra nosotros y que nos era adverso, y lo [quitó] de en medio, clavándolo en la cruz» en este Yom Kippur final (Col 2:14). También nos dio un nuevo pacto que, dice Dios, «no [es] como el pacto que hice con sus padres» (Jer 31:32). Porque «"este es el pacto que haré con la casa de Israel después de aquellos días", declara el SEÑOR. "Pondré Mi ley dentro de ellos, y sobre sus corazones la escribiré. Entonces Yo seré su Dios y ellos serán Mi pueblo. No tendrán que enseñar más cada uno a su prójimo y cada cual a su hermano, diciéndole: 'Conoce al SEÑOR', porque todos Me conocerán, desde el más pequeño de ellos hasta el más grande", declara el SEÑOR, "pues perdonaré su maldad, y no recordaré más su pecado"» (31:33-34).

En su crucifixión, Jesús llevó no solamente el arca a su fin establecido por Dios; hizo lo mismo con la cubierta expiatoria. La sangre de los toros y de los machos cabríos, rociada sobre la antigua cubierta de expiación, fue «demasiado poca, demasiado temprano». No fue «demasiado poca» en cantidad, sino en calidad, ya que solo la sangre divina bastaría, pues «es imposible que la sangre de toros y de machos cabríos quite los pecados» (Heb 10:4). Y llegó «demasiado temprano» porque la víctima perfecta solo vendría en «la plenitud del tiempo» (Gá 4:4), al «fin de los siglos» (1Co 10:11), cuando todo estuviera listo. Cuando este Cordero de Dios llegó, pasó por el «mayor y más perfecto tabernáculo» (Heb 9:11), hizo procesión en el «cielo mismo» (9:24), y allí, rociado con su propia sangre, se presentó por nosotros ante el Padre, «obteniendo redención eterna» (9:12). Jesús fue sacerdote, sacrificio y propiciatorio, todo en uno. El apóstol Pablo dice que tenemos redención en Cristo Jesús, «a quien Dios exhibió públicamente como propiciación [*jilasterion*] por Su sangre a través de la fe» (Ro 3:25). En la traducción griega del AT, el *jilasterion* es el «propiciatorio» o «cubierta de expiación». Jesús es nuestra cubierta expiatoria de carne y sangre.

Por lo tanto, Jesús, «al final de los tiempos, se presentó una sola vez y para siempre, y se ofreció a sí mismo como sacrificio para quitar el pecado» (Heb 9:26 RVC). Si el arca y su tapa expiatoria funcionaban como la imagen de la presencia invisible de Yahvé, entonces Cristo es la «imagen del Dios invisible» (Col 1:15; *cf.* 2Co 4:4)[3]. Sin embargo, no es

---

3. En relación con esto, Edmund P. Clowney explica que la prohibición de hacer cualquier imagen de Dios era una insinuación de la encarnación venidera: «¿Por qué, entonces, Dios prohibió que el hombre lo adorara por medio de imágenes? La respuesta es que Dios era protector de su futura revelación a través de Jesucristo. Ninguna imagen ni semejanza debía colocarse entre los querubines del "propiciatorio" porque, en su propio tiempo, Dios enviaría a su Hijo encarnado, a cuyos pies podría correctamente derramarse el perfume de la devoción de María. Jesucristo es la imagen del Dios invisible». *The Unfolding Mystery (2nd edition): Discovering Christ in the Old Testament* (Phillipsburg, NJ: P&R, 2013), 108.

un simple estrado o trono; el Hijo está «sentado a la diestra del trono de Dios» (Heb 12:2), desde donde «debe reinar hasta que haya puesto a todos Sus enemigos debajo de Sus pies» (1Co 15:25), como profetizó David mucho antes: «Dice el Señor a mi Señor: "Siéntate a Mi diestra, hasta que ponga a Tus enemigos por estrado de Tus pies"» (Sal 110:1). Aunque lleva «el nombre que es sobre todo nombre» (Fil 2:9) —es decir, Yahvé—, Jesús «no se avergüenza de [llamarnos] hermanos» (Heb 2:11). Aunque es el sumo sacerdote, es «un sumo sacerdote misericordioso y fiel» (Heb 2:17) que puede compadecerse de nuestras debilidades (4:15). Y aunque es santo, santo, santo, podemos «[acercarnos] con confianza al trono de la gracia para que recibamos misericordia, y hallemos gracia para la ayuda oportuna» (4:16).

Un sermón ritual

Hemos dedicado los dos últimos capítulos al tabernáculo y al templo porque es difícil sobrestimar su importancia, impregnada de Cristo, tanto en el AT como en el NT. La «tabernaculación» de Dios con nosotros es la historia de la Biblia, cuyo acto central es la encarnación de la Palabra para morar entre nosotros (Jn 1:14). La esperanza de los cristianos es la resurrección del cuerpo y la vida eterna en los cielos nuevos y la tierra nueva, donde «El tabernáculo de Dios está entre los hombres, y Él habitará entre ellos y ellos serán Su pueblo, y Dios mismo estará entre ellos» (Ap 21:3).

Todos los detalles que hemos examinado en este capítulo subrayan y amplían lo que aprendimos en el capítulo anterior. Tanto en su conjunto como en todas sus partes individuales, el santuario de Dios era un sermón ritual que predicaba el deseo de Dios de limpiar, perdonar y santificar a su pueblo. A decir verdad, aunque dedicamos una cantidad importante de tiempo a hablar de este tema, solo hemos arañado la superficie. Se necesitaría un libro entero —¡o serie de libros!— para desarrollar la importancia cristológica del sacerdocio, los diversos tipos de sacrificios, las fiestas mayores y menores del año litúrgico de Israel, y otras cosas más. Por ahora esto tendrá que bastar, pero es de esperar que te haya dejado con sed de más[4].

---

4. Para quienes estén interesados en profundizar en estos temas, recomiendo el libro de John Kleinig sobre Levítico en la *Concordia Commentary Series* (St. Louis, MO: Concordia, 2003).

En el próximo capítulo, a medida que nos acercamos al final de nuestro estudio, cambiaremos de velocidad y pasaremos de los aspectos rituales de la vida de Israel a cuestiones de oración, alabanza y poesía. Nos adentraremos en el mundo de los Salmos, donde, al igual que en otras partes del AT, Cristo saldrá a nuestro encuentro como aquel que abre las Escrituras.

PREGUNTAS PARA DISCUSIÓN

1. Como una forma de entrar en el tema de este capítulo, visualiza la variedad de objetos y del mobiliario de las iglesias (antiguas y modernas). Además de los altares o mesas, púlpitos o atriles, cruces o crucifijos, imágenes o íconos, ¿qué más podría figurar en la lista? ¿Comunican estos objetos mensajes teológicos? Si es así, ¿cuáles son?

2. Repasa algunos de los relatos sobre la construcción de altares (Gn 12:7; 26:25; 35:7; Jue 6:24; 1S 14:35). ¿Quiénes construyeron estos altares, y con qué fines? ¿Qué destaca Éxodo 20:22-26 como el propósito del altar del tabernáculo? Discute los tres corolarios de ese altar en el NT y la manera en que se relacionan con Jesús.

3. ¿Qué propósitos utilitarios y rituales tenían las pilas de agua en los santuarios del Señor (Éx 30:20-21)? ¿Cómo relaciona Hebreos estas pilas de agua con la obra del Mesías (Heb 10:19-22)? Habla de cómo esto profundiza nuestra comprensión del bautismo y nuestro lugar en el sacerdocio de Jesús.

4. Tal como tenemos mesas en nuestros hogares y altares/mesas en nuestras iglesias, el Señor tenía una mesa en su casa y pan sobre ella (Éx 25:23-30). ¿Cuál es el nombre literal de este pan y por qué se llama así? Compara y contrasta este pan con el pan que Jesús da en su Cena (Mt 26:26; Mr 14:22; Lc 22:19).

5. ¿Qué aspecto tenía el candelabro, o menorá? (Éx 25:31-40; 40:24-25; Lv 24:1-4; Nm 8:1-4)? Discute los tres significados

simbólicos o teológicos de la menorá. ¿Cómo se relacionan con la obra de Cristo, su Espíritu y la Iglesia?

6. ¿Por qué el altar del incienso estaba directamente frente al propiciatorio (Éx 30:6; Lc 1:8-11)? Describe el propósito del incienso (Sal 141:2; Ap 5:8; 8:3-5). ¿Qué relación existía entre el altar (exterior) de los holocaustos y el altar (interior) del incienso (ve Lv 4:6-7)? Revisa estos textos sobre las oraciones de Cristo y relaciónalos con el altar del incienso: Hebreos 5:7-10; 7:25; Lucas 22:44; 23:34, 46; Mateo 27:46; Romanos 8:34.

7. Habla de lo que significa ser santo. ¿En qué medida la visión de la santidad —según el AT— afecta la manera en que la Iglesia actual entiende la santidad o la santificación? Discute los posibles significados del rasgamiento del velo entre el Lugar Santísimo y el Lugar Santo, al morir Jesús (Mt 27:50-51). ¿Cómo nos ayuda Hebreos 10:19-22 a comprender el significado de este acontecimiento? ¿Cuándo entramos en el Lugar Santísimo?

8. ¿Por qué el arca se llamaba arca *del pacto* (Éx 25:16, 21-22)? ¿Qué había en su interior y qué función cumplía (Éx 16:33; Nm 17:10; 1Cr 28:2; Sal 132:7; Heb 9:4)?

9. ¿Dónde estaba el propiciatorio y cómo se relacionaba con la presencia de Dios (Sal 80:1; 99:1)? Revisa Levítico 16 y el Día de la Expiación. ¿Qué sucedía con el propiciatorio en este día santo? Utilizando Jeremías 3:16-17, Colosenses 2:14, Romanos 3:25 y Hebreos 9:11-28, discute cómo Cristo llevó a término el último Día de la Expiación y es nuestra Cubierta expiatoria de carne y sangre.

10. Hemos pasado dos capítulos hablando de las conexiones entre la creación y el tabernáculo, Sión y el Edén, la expansión del huerto, y los diversos muebles del santuario. ¿Qué partes han sido especialmente útiles para ampliar tu comprensión de la persona y la obra del Mesías? ¿Qué puede aprender la Iglesia sobre su propia misión al estudiar el tabernáculo y el templo del AT?

Capítulo 8
Los Salmos como el libro de oración de Jesús y la Iglesia

Hay personas que tienen el «síndrome de la cabeza parlante». No me refiero a la caricatura con que nos referimos a los locutores de TV como «cabezas parlantes». Estoy hablando de aquellos individuos que tienen la cabeza llena de datos, pero que, aunque solo desean parlotear incesantemente de esos conocimientos, nunca los ponen realmente en práctica.

Permíteme darte un par de ejemplos que ciertamente son extravagantes, pero sirven para entender el punto. Piensa en un tipo que jura que es mecánico de automóviles, que ha estudiado las complejidades de los motores, que podría pasar días hablando de las diversas transmisiones, pero que jamás ha cambiado siquiera el aceite de un automóvil. O imagina una mujer que dice ser música, puede esbozar el funcionamiento interno de un piano y dar una conferencia de tres horas sobre la historia de la batería, pero que ni siquiera sabe tocar flauta dulce o rasguear una melodía en guitarra. Estos individuos «saben cosas». Pueden incluso presumir de un alto coeficiente intelectual. Pero creo que todos estamos de acuerdo en que, en sus vidas, hay una evidente desconexión entre lo que saben y lo que hacen con ese conocimiento; entre sus «cabezas parlantes» y sus pies caminantes, sus manos activas y su corazón que siente.

Esta misma desconexión puede darse, y a menudo se da, en los seguidores de Jesús. Lo sé por experiencia. Puedes leer mi historia en *Night Driving: Notes from a Prodigal Soul* [Conducción nocturna: Apuntes de un alma pródiga][1]. La versión corta es esta: hace unos quince años, yo era una «cabeza parlante teológica». Tenía un cerebro repleto de teología, podía leer la Biblia en los idiomas originales, estudiaba a Aristóteles en griego y el Talmud en arameo, daba conferencias sobre el AT y enseñaba hebreo, daba charlas por todo el país y era autor de libros y artículos académicos. Mi cerebro estaba muy vivo. Y todo eso estaba muy bien. Sin embargo, del cuello para abajo, era un hombre espiritualmente muerto —o al menos moribundo—. Y esa alma pálida y encanecida en mi interior acabó por destruir catastróficamente a mi familia, mis amistades, mi trabajo, mi carrera e infinitamente más. En los dolorosos años que siguieron, aprendí, en la escuela del sufrimiento y el menoscabo, y a través de muchas noches oscuras del alma, que ser una «cabeza teológica parlante» era mucho peor que malo: era una blasfema rebelión contra Dios.

Todo lo cual me lleva al punto de este capítulo: los Salmos. Literalmente, los salmos de David me salvaron la vida. En algunos de mis peores días, cuando estaba a punto de tirar la toalla, Dios tomó los Salmos y los usó para sacarme del borde de la autodestrucción. Había perdido la capacidad de hablar con el Señor. Me faltaban las palabras. Y cuando estas faltaban, triunfaban las emociones. Emociones oscuras y siniestras. Emociones peligrosas. Sin embargo, nuestro Padre supo exactamente qué hacer: abrió mis puños cerrados y puso en mis manos el salterio, el libro de oración situado en el corazón mismo de la Biblia. Allí descubrí que, milenios antes de que yo destrozara mi propia vida, David también había destrozado la suya. Y, por si fuera poco, había sido asaltado por enemigos que, de todos lados, querían reforzar su ruina. Inspirado por el Espíritu, David convirtió sus dolores en oraciones y sus sufrimientos en súplicas. Pero no fue el único. Otros, como Moisés, Salomón, Hemán, Etán y los hijos de Coré nos legaron sus propios salmos.

---

1. Chad Bird, *Night Driving: Notes from a Prodigal Soul* (Grand Rapids, MI: Wm. B. Eerdmans, 2017).

Estas 150 oraciones canónicas, pese a su antigüedad, siguen conservando su vigor, honestidad, belleza y vitalidad. De hecho, más que ser nosotros quienes oramos los Salmos, pareciera que ellos nos oran a nosotros. Nos llevan. Nos sostienen. Son las oraciones perfectas, pues son palabras de Dios para nosotros que luego se convierten en palabras nuestras para él.

Cuanto más tiempo pasé meditando en los Salmos, más me di cuenta de la profunda verdad de este aforismo de Martin Franzmann: «La teología es doxología. La teología debe cantar»[2]. Nuestro estudio de las Escrituras, la historia de la Iglesia, la apologética, la filosofía o la teología, nunca puede ser un fin en sí mismo, como si esas materias existieran solo para aumentar nuestro coeficiente intelectual espiritual a medida que estudiamos a Dios. Hacer de Dios un objeto de investigación es, de hecho, transmutarlo en un ídolo. Él no es una «cosa» que estudiamos. No es un tema de disertación, una cuestión filosófica o un enigma metafísico. «En Él vivimos, nos movemos y existimos» (Hch 17:28). Él es nuestro Padre. Es la fuente de nuestra vida. Es el objeto de nuestra alabanza. Solo existimos porque él pronuncia constantemente nuestra existencia. La teología, por tanto, debe cantar. Debe alabar. Debe confesar, porque es realizada en presencia de él. De este modo, toda la teología es oración, ya sea que se la exprese explícitamente en ese lenguaje o no. Todo este libro ha sido una especie de oración escrita. Sí, estoy escribiendo para ti, pero lo hago en presencia del Espíritu, que escucha cada palabra como mi ofrenda de adoración a él. Mi teclado es mi altar, sobre el cual ofrezco un sacrificio de alabanza. «La teología debe cantar». Y cuando ese canto consiste en los Salmos, qué hermoso y ortodoxo es nuestro canto teológico.

Franzmann, intérprete bíblico y teólogo, fue también escritor de himnos. En un himno sobre la Reforma, concluye con una hermosa e inolvidable oración. Pide que el Espíritu Santo respire sobre su «Iglesia fraccionada, una vez más, para que, en estos días grises y finales, haya hombres cuya vida sea alabanza, y cada vida una alta doxología, al Padre, al Hijo y a Ti»[3]. Cuando nuestra teología se convierte en doxología, no

---

2. Con estas palabras empieza un sermón del Día de la Reforma en *Ha! Ha! Among the Trumpets: Sermons by Martin H. Franzmann* (St. Louis, MO: Concordia, 1994), 92.

3. Escrito en 1966, el himno se llama *O God, O Lord of Heaven and Earth* (Oh Dios, oh Señor del cielo y la tierra). Sus numerosos borradores pueden encontrarse en *Come to the Feast: The Original and Translated Hymns of Martin H. Franzmann*, ed. y con una introducción de Robin A. Leaver (St. Louis, MO: MorningStar Music), 38.

solo se vuelve canción, sino que crea vidas de «alta doxología»: vidas en las que ya realmente no vivimos, sino que, habiendo sido crucificados con Cristo, vivimos en él y por medio de él (*cf.* Gá 2:20). Como oró Jesús: «que todos sean uno. Como Tú, oh Padre, estás en Mí y Yo en Ti, que también ellos estén en Nosotros [...]: Yo en ellos, y Tú en Mí, para que sean perfeccionados en unidad» (Jn 17:21, 23). El bautismo nos liquida en la vida de Jesús para que seamos una sola carne con él, miembros individuales de su cuerpo y de su esposa. Él es nuestra cabeza y nosotros somos parte de su cuerpo en la íntima unificación operada por el Espíritu. El Dios que se hizo uno de nosotros nos une tan estrechamente a él que, en Jesús, hemos llegado a ser «partícipes de la naturaleza divina» en la naturaleza humana de Jesús (2P 1:4).

Te preguntarás qué tiene que ver todo esto con Cristo en los Salmos. Bueno, en una palabra: todo. Permíteme explicarlo.

Jesús es quien ora los Salmos

En su carta a la Iglesia de Laodicea, Jesús se da un nombre aparentemente extraño: se llama a sí mismo «el Amén» (Ap 3:14). A menudo concluimos nuestras oraciones diciendo: «En el nombre de Jesús. Amén». Pero, según Cristo, eso es en realidad repetitivo, ya que uno de los nombres de Jesús *es* Amén. «Amén» es una palabra hebrea, formada a partir del verbo *amán*, que significa «creer, confiar, tener fe en». Podríamos decir, entonces, que Jesús es nuestro Amén porque es el contenido de nuestra fe, aquel en quien confiamos. Pero hay más. Jesús es también «el Amén» porque es el único medio por el cual nuestras oraciones llegan al Padre. Separadas de Jesucristo, todas las «oraciones» son palabras vacías y sin vida que, lejos de subir al cielo, caen a tierra en picada y son pisoteadas. Solo oramos mediante, en, por, y debido a Jesús. Él es «el Amén» para el Padre. Por eso, en lo que respecta a los Salmos, Jesús toma en su mano cada sílaba de estos 150 himnos, las pone en su boca y las canta a los oídos de su Padre. Así, la única voz que el Padre oye orar —incluyendo cuando se oran los Salmos— es la de su Hijo. Todas nuestras voces se funden en la de Jesús, de modo que su cadencia única, su acento galileo, y cualesquiera peculiaridades de su hablar, todos sonamos de esa manera cuando oramos los Salmos. Sonamos como Jesús.

Eso es maravilloso, sin duda, pero hay más maravillas. El Hijo de Dios es también el Hijo de María. Verdadero Dios y verdadero hombre en una sola persona. A lo largo de sus treinta y tres años, Jesús de Nazaret vivió una vida judía normal. Fue circuncidado. Estudió la Torá. Comió *kosher*. Parte de esa vida giró también en torno a la oración y el canto de los Salmos. En casa, en la sinagoga, o en el templo durante las fiestas, estos gozos y lamentos poéticos estaban en sus labios. Al fin y al cabo, este era el himnario de Israel. Es muy probable que los israelitas se hayan sabido todos los salmos de memoria. Hoy en día, una persona promedio probablemente se sabe de memoria cientos, si no miles, de canciones, ya sean himnos de la Iglesia, canciones pop, anuncios comerciales o lo que sea. Y los Salmos son solo 150.

Estos poemas habrían resonado en los oídos de Jesús desde su infancia. Cuando aún estaba en el útero, su madre cantó su Magnificat, un canto empapado del lenguaje de los Salmos (Lc 1:46-55). A medida que Jesús «crecía y se fortalecía, llenándose de sabiduría» (Lc 2:40), también fue en aumento su comprensión de los Salmos. Llegó a conocer el significado de que el Señor fuera su pastor, su escudo y su refugio. Ciertamente, al comenzar su ministerio aprendió de primera mano a qué se refieren los Salmos cuando describen las conspiraciones de los enemigos, los susurros de los acusadores, o las trampas que se tienden para atrapar a una persona. Los altos aleluyas y los bajos lamentos de los Salmos se sentían como en casa en los labios de Jesús. De hecho, el día de su muerte, tres de las «siete palabras» que dijo en la cruz fueron citas directas o alusiones a los Salmos (Mt 27:46 [Sal 22:1]; Jn 19:28 [Sal 69:21]; Lc 23:46 [Sal 31:5]). Desde que estuvo en el vientre materno —cuando María entonó su cántico en forma de salmo— hasta que dijo sus últimas palabras —«Padre, en tus manos encomiendo mi espíritu»—, los Salmos nunca estuvieron lejos de los labios de nuestro Señor.

Por lo tanto, en lo que respecta a los Salmos, Jesús es tanto el que ora como aquel por medio del cual oramos. Nosotros hemos muerto, y ya no somos nosotros los que vivimos *ni los que oramos*, sino que es Cristo quien vive y ora a través de nosotros. Los Salmos son las oraciones de Jesús. No algunos de los Salmos, ni tampoco la mayoría, sino todos.

Muchos, desde luego, fueron escritos por David, pero son en primer lugar (¡no secundariamente!) las oraciones del Hijo de David. Él es el hombre bienaventurado del Salmo 1. Él es el Hijo Ungido del Salmo 2. Es la víctima perseguida del Salmo 3. Es el hombre piadoso del Salmo 4. Es el adorador del Salmo 5. Y sí, es el que confiesa pecados en el Salmo 6, como veremos a continuación. De un modo u otro, sea que se trate de un grito de auxilio, de una imprecación contra los enemigos, de una confesión de transgresiones o de un canto de alabanza, el salmo es la oración del hombre Jesús, el Hijo divino de Dios, en el cual y con el cual oramos las mismas palabras.

Veamos cómo dos clérigos, Agustín de Hipona y Dietrich Bonhoeffer, explican más la manera de orar los Salmos de acuerdo con Jesús. En su comentario sobre los Salmos, Agustín emplea con frecuencia la metáfora del NT sobre Cristo y su Iglesia como la cabeza y el cuerpo. En los Salmos hay «lenguaje de cabeza» y «lenguaje de cuerpo». Cristo habla «a veces en su propio nombre [cabeza], y otras veces en el nuestro [cuerpo], porque se hace uno con nosotros»[4]. Cuando habla en nuestro nombre, esos son los salmos del «cuerpo», es decir, de los creyentes que componen la Iglesia. Son las oraciones del cuerpo, pero pronunciadas por la cabeza. De manera similar, cuando Cristo ora en su propio nombre, son los salmos de la «cabeza», es decir, de Cristo. No obstante, son al mismo tiempo oraciones del cuerpo, pues, como explica Agustín, lo que Jesús dice «en la persona de su carne» le pertenece tanto a él como a nosotros, porque somos miembros de su cuerpo[5].

Por ejemplo, la inscripción que encabeza el Salmo 3 dice que David escribió esta oración durante el golpe dado por su hijo Absalón. Agustín señala esta referencia histórica, pero añade que el texto «suena más aplicable a la Pasión y Resurrección de nuestro Señor»[6]. Dice que el salmo «debe entenderse referido a la persona de Cristo» —una oración de la cabeza—[7]. Pero también dice que el salmo puede entenderse en relación

4. «Commentary on Psalm 139», en P. Schaff, ed., *Saint Augustine: Expositions on the Book of Psalms*, trad., A. C. Coxe (New York: Christian Literature), 8:635.
5. Ibid., 8:635.
6. Ibid., 8:4.
7. Ibid., 8:4.

con «todo Cristo», cabeza y cuerpo, Jesús y su Iglesia. Agustín explica: «Quiero decir, [Cristo] entero, con su cuerpo, del cual él es la cabeza». En el Salmo 3, por tanto, Cristo y su Iglesia hablan «a la vez»[8]. De este modo, las palabras siguen siendo de David (pues él es parte del cuerpo de creyentes), al mismo tiempo que de Jesús (el Hijo de David) y además nuestras (pues nosotros también somos parte del cuerpo). Los enemigos, en Salmo 3:1 («¡Oh Señor, cómo se han multiplicado mis adversarios!»), se referirían entonces a Absalón y sus secuaces, a los adversarios de Jesús que intentaron darle muerte, y a todos los enemigos que tratan de apartarnos de Dios.

Las categorías de Agustín —cabeza, cuerpo y Cristo entero— me han resultado muy útiles para entender las alternancias, en los Salmos, entre los pronombres «yo/mío» y «nosotros/nuestro». Podemos entenderlo aun más claramente traduciendo su lenguaje teológico a algo concreto. Supongamos que me hago un corte en la mano o me golpeo un dedo del pie. Ni mi mano ni mi dedo gritan, sino que lo hace mi boca, en mi cabeza. Del mismo modo, cuando nosotros, los miembros del cuerpo de Cristo, sufrimos dolor y angustia, la boca de Cristo grita por nosotros. Nuestras oraciones son como cuando nuestro cuerpo se agarra el dedo del pie o la mano para detener la hemorragia. Cristo, nuestra cabeza, ora, y esa oración llega al Padre. O, si mi cabeza está magullada o herida, también lo siente el resto de mi cuerpo. Me llevo la mano a la cabeza para tocar el lugar que me duele. El resto de mi cuerpo grita de dolor porque mi cabeza está herida, pero solo mi cabeza expresa ese grito. Del mismo modo, cuando Cristo ora salmos que son especialmente aplicables a su situación (p. ej., el Salmo 22), seguimos gritando como miembros de su cuerpo, pero el Padre solo escucha la voz de Cristo, pues la nuestra se mezcla con la suya y se convierte en ella. Tal vez ningún versículo resuma mejor esta íntima conexión entre la cabeza y el cuerpo que Hechos 9:4, donde Jesús le dice a Saulo, en el camino a Damasco: «Saulo, Saulo, ¿por qué me persigues?». Saulo ha estado persiguiendo a la Iglesia (el cuerpo), pero Cristo (la cabeza) dice: *me persigues».

---

8. Ibid., 8:7.

Dietrich Bonhoeffer, el teólogo alemán que fue ejecutado por los nazis en los últimos días de la Segunda Guerra Mundial, escribió un libro breve y perspicaz sobre los Salmos. Llega al mismo destino teológico que Agustín, pero toma un camino ligeramente diferente. Bonhoeffer escribe:

¿Cómo es posible que un hombre y Jesucristo oren juntos el Salterio? Es el Hijo de Dios encarnado, que ha llevado en su propia carne todas las debilidades humanas, quien vierte aquí el corazón de toda la humanidad ante Dios y se pone en nuestro lugar y ora por nosotros. Él ha conocido el tormento y el dolor, la culpa y la muerte, más profundamente que nosotros. Por lo tanto, lo que aquí se presenta ante Dios es la oración de la naturaleza humana asumida por él. Es realmente nuestra oración, pero como él nos conoce mejor que nosotros mismos, y él mismo fue verdadero hombre por nosotros, realmente es también la oración suya, y solo puede convertirse en nuestra porque fue la oración de él. ¿Quién ora los Salmos? David (Salomón, Asaf, etc.) ora, Cristo ora, nosotros oramos. Nosotros, lo cual significa primeramente toda la comunidad —solo en ella puede orarse la vasta riqueza del Salterio—, pero también, finalmente, cada individuo, en la medida en que participa de Cristo y su comunidad y ora la oración de ellos. David, Cristo, la Iglesia, yo mismo, y dondequiera que consideremos todo esto juntos, reconocemos la maravillosa forma en que Dios nos enseña a orar[9].

Como dice Bonhoeffer en otro lugar: «Si queremos leer y orar las oraciones de la Biblia y especialmente los Salmos, no debemos preguntarnos primero qué tienen que ver con nosotros, sino qué tienen que ver con Jesucristo»[10]. Solo en Jesús podemos orar. Solo en Jesús podemos entender correctamente el propósito de los Salmos.

Para resumir lo que hemos tratado hasta ahora: cuando somos bautizados en el cuerpo de Jesús, estamos en él y él en nosotros. Nuestro

---

9. Dietrich Bonhoeffer, *Psalms: The Prayer Book of the Bible* (Philadelphia: Fortress, 1974), 20.
10. Ibid., 14.

Padre nos oye y nos ve como parte de su Hijo. Cuando Jesús, la cabeza de la Iglesia, ora, el cuerpo de la Iglesia ora. Cuando la Iglesia, el cuerpo, ora, la cabeza de la Iglesia ora. Y esto no ocurre como una serie de dos actos secuenciales —primero ora Jesús y luego la Iglesia, o primero ora la Iglesia y luego Jesús—. No, todas nuestras voces están unidas unívocamente. Orar los Salmos, por tanto, es escuchar a David orar, a Jesús orar, y a nosotros mismos orar como un gran coro que llega a los oídos de nuestro Padre en la voz solista de Jesús.

Los Salmos y el NT

Antes de ver algunos ejemplos específicos de Cristo en los Salmos, tomemos un momento para señalar por qué estas oraciones poéticas son —y siempre han sido— el alma de la vida de la Iglesia. Son la base de todas las demás peticiones, y la inspiración de otras oraciones, cantos e himnos. De hecho, en algún momento de la historia de la Iglesia, ¡un hombre no podía ser ordenado obispo a menos que se supiera todo el salterio de memoria![11] Pero ¿por qué? ¿Por qué los Salmos son tan vitales?

Ya hemos cubierto parte de ese terreno en nuestra discusión inicial. Un hecho importante que omitimos es la influencia omnipresente de los Salmos en la vida inicial de la Iglesia, especialmente como la presenta el NT. Ya hemos señalado cómo Jesús citó salmos mientras soportaba la crucifixión. La noche anterior, en el aposento alto, «después de cantar un himno», él y sus discípulos «salieron hacia el monte de los Olivos» (Mt 26:30). Ese «himno» fue probablemente el Halel, los Salmos 113-118, que tradicionalmente se cantaban en la Pascua. En Hechos, cuando Pedro y Juan fueron liberados de la cárcel, los creyentes reunidos «alzaron la voz a Dios» y cantaron palabras de los Salmos 2 y 146 (Hch 4:23-26). Parece probable que, cuando Pablo y Silas estuvieron encarcelados en Filipos y «oraban y cantaban himnos a Dios», estos himnos eran —o al menos habrían incluido— salmos (Hch 16:25). Los corintios cantaban salmos (1Co 14:26). Pablo dice a la Iglesia de Éfeso que no se embriague,

---

11. Segundo Concilio de Nicea, 787 d. C. El canon II dice: «Decretamos que todo el que sea elevado al rango del episcopado se sepa el salterio de memoria, para que a partir de él pueda amonestar e instruir a todos los clérigos que le estén sometidos». *The Seven Ecumenical Councils*, Nicene and Post-Nicene Fathers, 2nd ser., vol. 14, ed. P. Schaff y H. Wace (Peabody, MA: Hendrickson, 1994), 556.

sino que «sean llenos del Espíritu, hablando entre ustedes con salmos, himnos y canciones espirituales; cantando y alabando al Señor en su corazón» (Ef 5:18-19 RVA-2015). Del mismo modo, escribe a los colosenses: «Que la palabra de Cristo habite en abundancia en ustedes, con toda sabiduría enseñándose y amonestándose unos a otros con salmos, himnos y canciones espirituales, cantando a Dios con acción de gracias en sus corazones» (Col 3:16). Dado que prácticamente todos los primeros seguidores de Jesús eran judíos, tiene sentido que siguieran utilizando su «himnario», el Salterio.

También hay otro hecho: de los treinta y nueve libros del AT, ninguno se cita más en el NT que el de los Salmos. Los cálculos varían mucho, pero «según un recuento, hay 196 citas de los Salmos en el NT —contando individualmente las paralelas de los Evangelios—, y se las encuentra en todas las secciones del Nuevo Testamento»[12]. Si, además de las citas, se cuentan las alusiones y los ecos, ese número se dispara considerablemente. En el apéndice de la edición Nestle-Aland del NT griego, que enumera todas las citas o alusiones al AT en el NT, aparecen todos los salmos excepto veintidós. Esto significa que el 85 % del salterio ha llegado al NT de una forma u otra. El Salmo 110 contiene, por sí solo, «treinta y tres citas o alusiones [...] dispersas por el NT», lo que lo convierte fácilmente en el capítulo del AT más citado en el NT[13]. Diversos salmos aparecen en forma de citas o ecos en todos los acontecimientos importantes de la vida de Cristo: desde su concepción (Lc 1:32-33; Sal 89:36-37), pasando por su nacimiento (Lc 2:11; Sal 24:5; 25:5), la llegada de los magos (Mt 2:1-12; Sal 72:10-11), y su bautismo (Mt 3:17; Sal 2:7), hasta su entrada en el Domingo de Ramos (Mt 21:9; Sal 118:25-26) y su muerte (Mt 27:46; Sal 22:1; Jn 19:28; Sal 69:21; Lc 23:46; Sal 31:5).

Por último, oímos de labios del propio Jesús, el día de su resurrección: «Esto es lo que Yo les decía cuando todavía estaba con ustedes: que era necesario que se cumpliera todo lo que sobre Mí está escrito en la ley de Moisés, en los profetas y en los Salmos» (Lc 24:44). Observa cómo incluye

---

12. William L. Holladay, *The Psalms through Three Thousand Years: Prayerbook of a Cloud of Witnesses* (Minneapolis: Fortress, 1996), 115.
13. David M. Hay, *Glory at the Right Hand: Psalm 110 in Early Christianity* (Nashville, TN: Abingdon, 1973), 15.

explícitamente los Salmos. Al decir esto, Jesús «les abrió la mente para que comprendieran las Escrituras» (24:45). Este verbo griego para «abrir», *dianoígo*, fue utilizado por los discípulos de Emaús cuando describieron cómo Jesús «[les abrió] las Escrituras» (24:32). «Comenzando por Moisés y continuando con todos los profetas», les mostró que todo se refería a él (24:27). Lucas también utilizará *dianoígo* para describir cómo, en Tesalónica, Pablo «discutió con ellos basándose en las Escrituras, explicando y presentando evidencia de que era necesario que el Cristo padeciera y resucitara de entre los muertos» (Hch 17:2-3). Las Escrituras, incluidos los Salmos, se nos abren con la llave que es Cristo. Solo él abre el AT y nos invita a entrar. Y solo él abre nuestras mentes para entender y creer en él.

Una casa de salmos

Ahora tenemos una base sólida sobre la cual construir, así que pasaremos el resto del capítulo añadiéndole algunas paredes y un techo a nuestra «casa de salmos». Examinaremos brevemente cuatro o cinco salmos, preguntando, en cada uno: «¿Qué tiene que ver esta oración con Cristo?».

Si tecleas en Google: «¿Cuántos salmos mesiánicos hay?», encontrarás toda una serie de artículos que enumeran y analizan entre catorce y dieciséis salmos popularmente etiquetados como «mesiánicos». A estas alturas, ya habrás descubierto que yo ampliaría esa lista considerablemente. Los 150 salmos son mesiánicos, y no en un sentido «amplio» o «genérico». Más bien, de manera muy estrecha y específica, todos ellos son orados por el Mesías y se tratan de él (teniendo en cuenta las distinciones entre cabeza y cuerpo que nos enseñó Agustín)[14]. Mi esperanza es que los ejemplos que aparecen a continuación te sirvan de modelo para orar el resto de los salmos. Empezaremos con uno «fácil», es decir, con una oración que figura en todas las listas de «salmos mesiánicos». Luego consideraremos otros que quizás no sean tan fácilmente reconocibles como referidos a Cristo y orados por él.

---

14. Un excelente recurso sobre este tema es Patrick Henry Reardon, *Christ in the Psalms* (Ben Lomond, CA: Conciliar, 2000).

Salmo 2

Apenas tenemos tiempo de mojar las puntas de nuestros pies en el mar del salterio cuando ya estamos sumidos en cristología hasta el cuello. El Salmo 2 nos presenta a uno que es el «Ungido [es decir, el Mesías]» del Señor, llamado también «Rey» e «Hijo» de Dios (vv. 2, 6, 7, 12). Es aquel contra el cual las naciones se ensañan, pero también es aquel que recibe las naciones como herencia (2:1, 8). Desde Sión, el santo monte de Dios, reina como Hijo engendrado de Dios (2:7). Desde allí, gobierna hasta «los confines de la tierra» (2:8). Este es otro ejemplo, por cierto, de lo que comentamos en los capítulos 4-5 sobre Sión como el centro de la nueva creación y el lugar desde el cual se extiende el reino edénico de Dios.

El NT cita, alude a, o adopta el lenguaje del Salmo 2 unas diecisiete veces[15]. En particular, la Iglesia primitiva cita este salmo después de que Pedro y Juan son arrestados por predicar a Jesús y la resurrección (Hch 4:25-26). Estos primeros cristianos confesaron que el Padre, «por el Espíritu Santo, por boca de nuestro padre David», había dicho las palabras del Salmo 2 (Hch 4:25). El poeta David fue el portavoz del Espíritu. La interpretación de ellos toma la forma de esta oración: «Porque en verdad, en esta ciudad se unieron tanto Herodes como Poncio Pilato, junto con los gentiles y los pueblos de Israel, contra Tu santo Siervo Jesús, a quien Tú ungiste, para hacer cuanto Tu mano y Tu propósito habían predestinado que sucediera» (4:27-28). El Mesías del Señor, de Salmo 2:2, es «Tu santo Siervo Jesús, a quien Tú ungiste» (Hch 4:27). Las naciones, los pueblos, los reyes y los gobernantes que en Salmo 2:1-2 «se sublevan [...], traman [...] Se levantan [y] traman unidos» se interpretan como «Herodes [y] Poncio Pilato, junto con los gentiles y los pueblos de Israel» (Hch 4:27). En resumen, los cristianos leyeron este salmo como una profecía poética, inspirada por el Espíritu, referida a acontecimientos concretos ocurridos durante la Pasión de Jesús.

El Salmo 2 también describe el reinado del Rey Jesús. El Padre le dice: «Pídeme, y te daré las naciones como herencia Tuya, y como posesión

---

15. Mateo 3:17; 4:3; Lucas 3:22; Juan 1:41, 49; Hechos 4:25; 13:33; 2 Corintios 7:15; Hebreos 1:2, 5; 5:5; Apocalipsis 2:26; 11:15; 12:5; 17:18; 19:15, 19.

Tuya los confines de la tierra. Tú los quebrantarás con vara de hierro; los desmenuzarás como vaso de alfarero» (2:8-9). Esto suena como un gobierno bastante violento y destructivo. ¿Cómo interpretaron los primeros cristianos las acciones mesiánicas de vencer y tomar posesión de las naciones? En su oración, dijeron: «"Ahora, Señor, considera sus amenazas, y permite que Tus siervos hablen Tu palabra con toda confianza, mientras extiendes Tu mano para que se hagan curaciones, señales y prodigios mediante el nombre de Tu santo Siervo Jesús". Después que oraron, el lugar donde estaban reunidos tembló, y todos fueron llenos del Espíritu Santo y hablaban la palabra de Dios con valor» (Hch 4:29-31). El Mesías está destruyendo, sin duda, pero no con una vara de hierro literal; utiliza la proclamación de su palabra. Está demoliendo las mentiras y dominando a las fuerzas de las tinieblas mediante la predicación audaz, curaciones, señales y prodigios. Así es como se extienden su reino y su reinado. Podríamos decir, por lo tanto, que el Salmo 2 comprime en doce versículos los acontecimientos narrados a lo largo del NT y que siguen ocurriendo hoy.

Salmo 8

Como abejas, los poetas de Israel zumbaron desde las flores de la Torá hasta la historia de su nación, y luego (inspirados por el Espíritu), hasta la obra del Mesías. Desde allí, con todo este néctar, volvieron a la colmena del salterio para hacer esta miel sagrada. El Salmo 8 es un ejemplo notable de esta reunión de abejas. En nueve breves versículos, se nos catapulta desde la creación hasta el *ésjaton*. Y el Mesías, que es como Adán pero a la vez infinitamente más, es el que sostiene todo esto que *ha sido* y *será*.

Ahora bien, una lectura rápida del Salmo 8 podría hacernos suponer que esto es poco más que una meditación poética sobre Génesis 1-2. El Señor es majestuoso y digno de alabanza (8:1-2, 9). Cuando la gente mira al cielo, se siente pequeña e indigna (8:3-4). Pero Dios los exaltará, aunque sean más bajos que él, para que reinen sobre la creación (8:5-8). Todo esto es verdad, pero ¿es toda la verdad? Es una lectura correcta del salmo, pero ¿es solo una lectura *parcial*? Analicémoslo con más calma y profundidad.

En primer lugar, observa cómo empieza y termina el salmo: «¡Oh
Señor, Señor nuestro, cuán glorioso es Tu nombre en toda la tierra!»
(8:1, 9). En el capítulo 2, cuando hablamos de las diversas formas en
que el Hijo de Dios se presentó a la gente en el AT, señalé que también
aparece como Hijo de Hombre, Gloria, Poder y Nombre. El último
de estos, el «nombre de Dios», en algunos pasajes del AT, se distingue
del Señor mismo. El nombre de Dios habita en Israel (Dt 12:11). Su
nombre está en el templo (1R 8:16). «Nuestra ayuda está en el nombre
del Señor», dice el salmista (Sal 124:8). Juan, en su evangelio, refleja esta
interpretación del AT en que el nombre = la persona. Luego de que Jesús
dice: «Ha llegado la hora para que *el Hijo del Hombre* sea glorificado»
(Jn 12:23; cursivas mías), añade: «Padre, glorifica Tu nombre» (12:28;
cursivas mías). ¿Ves el paralelo? El «Hijo del Hombre» *es* el «nombre» de
Dios. Considerando esto, cuando el Salmo 8 dice que el nombre de Dios
es majestuoso, lo que el poeta puede estar sugiriendo es: «¡Oh Señor,
Señor nuestro, cuán glorioso es *aquel que es Tu nombre* en toda la tierra!».

El Domingo de Ramos, cuando los jefes de los sacerdotes y los escribas
se enfurecieron con Jesús porque los niños lo llamaban Hijo de David (es
decir, Mesías), él respondió con las palabras de Salmo 8:2: «Sí, ¿nunca
han leído: "De la boca de los pequeños y de los niños de pecho te has
preparado alabanza"?» (Mt 21:16). Presta atención a la sutileza. Jesús
está siendo alabado. Cita al antiguo poeta para mostrar que esto estaba
predestinado. Él es el «tú» de Salmo 8:2, cuyo referente más cercano
es el «nombre» de 8:1. Cristo está diciendo: «Escuchen, ustedes están
sumamente atrasados. Estos niños me alaban como el Hijo de David, y
tienen razón, porque lo soy. Pero, además, ¿acaso no conocen sus biblias?
David predijo este día hace mucho tiempo. Yo soy el nombre majestuoso
de Dios, que merece la alabanza de estos niños». ¿No es también
fascinante que, en el AT, el «nombre de Dios» esté a menudo asociado
estrechamente con el templo? ¡Y este intercambio de palabras entre Jesús
y sus detractores ocurre precisamente *en el templo* (Mt 21:12)!

El Salmo 8 procede a contrastar el estado relativamente humilde
de la humanidad con el resto de la creación: «Cuando veo Tus cielos,
obra de Tus dedos, la luna y las estrellas que Tú has establecido, digo:

¿qué es el hombre para que te acuerdes de él, y el hijo del hombre para que lo cuides?» (8:3-4). Luego tenemos estas trascendentales palabras: «¡Sin embargo, lo has hecho un poco menor que los ángeles [hebreo: *Elohim*][16], y lo coronas de gloria y majestad! Tú le haces señorear sobre las obras de Tus manos; todo lo has puesto bajo sus pies» (8:5-6). Por un lado, estas palabras se aplican a Adán y a sus descendientes. Es lenguaje de creación: cielos, luna, estrellas, hombre. «Le haces señorear» traza un paralelo con las instrucciones de Dios a Adán y Eva: «Ejerzan dominio sobre los peces del mar, sobre las aves del cielo y sobre todo ser viviente que se mueve sobre la tierra» (Gn 1:28)[17]. Y aunque en el relato de la creación no se utiliza el lenguaje de «gloria y majestad» en relación con la humanidad, ciertamente puede aplicarse a quienes llevan la imagen y la semejanza de Dios.

Ahora, aquí es donde las cosas se ponen muy interesantes. El autor de Hebreos dice básicamente: «Espera. No tan rápido. Puedes pensar que el Salmo 8 se trata de Adán y Eva, pero no, hay más que eso». Hebreos cita el Salmo 8 para mostrar que este «hombre» o «hijo del hombre» no es simplemente Adán, sino el «último Adán», como lo llama Pablo (1Co 15:45). Cristo mismo (Heb 2:5-8). Todo ha sido sometido a Jesús, de modo que «no hay nada que no le esté sujeto» (2:8 NVI). Actualmente no vemos eso. ¿Qué es lo que vemos? Vemos «a Aquel que fue hecho un poco inferior a los ángeles, es decir, a Jesús, coronado de gloria y honor a causa del padecimiento de la muerte, para que por la gracia de Dios probara la muerte por todos» (2:9). En Salmo 8:5, la frase «un poco menor», *méat* en hebreo, puede también traducirse en términos temporales como «por un poco de tiempo». Esto es significativo. Significa que el «poco de tiempo» del Salmo 8 se refiere a la vida terrenal de Jesús, sus sufrimientos y muerte. Tras este «poco de tiempo», fue «coronado de gloria y majestad», como corresponde a un rey.

¿Cuál es el efecto de esta coronación del rey Jesús? Se ha convertido en el fundador de nuestra salvación (Heb 2:10). Por medio de él, Dios

---

16. El sustantivo hebreo Elohim puede referirse a Yahvé, a los dioses de otras naciones o a seres celestiales (es decir, ángeles). Algunas traducciones de Salmo 8:5 lo traducen como «Dios» (p. ej., NVI). La Septuaginta lo traduce como «ángeles», al igual que Hebreos 2:7, por lo que muchas versiones siguen ese ejemplo al interpretar Salmo 8:5.
17. Aunque Génesis 1:28 utiliza *radá* (ejercer dominio) y Salmo 8:6 utiliza *mashal* (señorear), ambas palabras son lingüísticamente similares. El relato de la creación utiliza *mashal* para describir cómo el sol y la luna «dominan» sus respectivas esferas del día y la noche (Gn 1:18).

está «llevando muchos hijos a la gloria» (2:10). De hecho, Jesús no se avergüenza de llamarnos «hermanos» (2:11), miembros de su propia familia. ¿Ves lo que hace Hebreos? Sí, el Salmo 8 se refiere a Jesús, pero, precisamente por tratarse de él, se refiere también a nosotros. El majestuoso nombre de Dios se encarna. Los niños lo alaban como el Hijo de David. Soporta la humillación por un tiempo, pero finalmente es coronado de gloria una vez más al resucitar y ascender a la derecha del Padre. Todo es puesto bajo sus pies. Y hace todo esto por nosotros, para que también nosotros podamos participar de su gloria. Ha deshecho y enmendado las malas acciones de Adán. Ha recapitulado la creación en sí mismo para formar una nueva humanidad. Con el tiempo, cuando todo se revele, veremos todo bajo sus pies, estando él sentado a la derecha del Padre, gobernando los cielos nuevos y la tierra nueva. El Salmo 8, por tanto, nos lleva de Génesis a Apocalipsis, de la antigua a la nueva creación. Es, como diría Agustín, una oración de la cabeza, en la que participa el cuerpo.

Salmo 88

La primera vez que me aventuré en el paisaje sombrío y nocturno del Salmo 88 fue cuando me hallé sumido en una depresión espiritual, y pensé que el Señor realmente me había abandonado. Las peticiones de este salmo derraman lágrimas y sangran dolor. Reflexiona sobre esto: «… mi vida se ha acercado al Seol. [...] Soy [...] Como los caídos a espada que yacen en el sepulcro [...]. Me has puesto en la fosa más profunda [...]. Has alejado de mí mis amistades [...]. ¿Por qué, SEÑOR, rechazas mi alma? [...] Sufro Tus terrores [...]. Sobre mí ha pasado Tu ardiente ira [...]. Mis conocidos están en tinieblas» (vv. 3, 5, 6, 8, 14-16, 18). Cuando tropecé con el Salmo 88, supe que había encontrado el catálogo de una vida cruciforme. En él había palabras que solo podían brotar de un alma desgarrada —un alma con la cual me sentía relacionado—.

Mientras oraba estas palabras, el Espíritu fue abriendo mis ojos para ver que no lo hacía solo. Todo lo contrario. En términos de Agustín, me di cuenta de que, aunque pensaba que era principalmente una oración del cuerpo, era ante todo una oración de la cabeza, esa cabeza coronada de espinas. Oramos con Cristo y por medio de él, mientras él también ora con nosotros y por medio de nosotros.

Podríamos pensar que el Salmo 22 es *el* salmo del Viernes Santo, pero tal vez el Salmo 88 merezca igualmente ese título. Este lamento es básicamente una versión extendida —en dieciocho versículos— de «Dios mío, Dios mío, ¿por qué me has abandonado?» (Sal 22:1). Ciertamente, en este salmo los Padres de la Iglesia vieron salpicada la sangre de la crucifixión. Cirilo de Jerusalén, por ejemplo, habló de cómo «estos versos manifiestan las circunstancias reales de la Pasión y la Resurrección»[18]. En lo alto de la cruz, la ira de Dios descendió con fuerza sobre Cristo (88:7), y este clamó a su Padre (88:2, 9, 13). Cuando la vida lo abandonó, se acercó al Seol y fue puesto en las profundidades de la fosa (88:3, 6). El salmo termina, literalmente, cuando el sol de la vida se pone y las tinieblas llegan como una ola negra y fúnebre: «ahora sólo tengo amistad con las tinieblas» (88:18 NVI).

Este versículo final destaca otro aspecto del Salmo 88, del que probablemente se hizo eco el evangelista Lucas. El salmista dice a Dios: «Has alejado de mí mis amistades» (88:8). Termina su lamento diciendo: «Me has quitado amigos y seres queridos; ahora sólo tengo amistad con las tinieblas» (88:18 NVI). Las palabras se acumulan: amistades, amigos, seres queridos, amistad. El mensaje es dolorosamente claro: quienes lo conocen actúan como si no lo conocieran. Mantienen la distancia. O Dios se los lleva. En la Septuaginta, el traductor del salmo tradujo el hebreo para «alejado» usando el verbo griego *makruno* (alejar) y «amistades» con el sustantivo *gnostós* (conocido, amigo). ¿Por qué es relevante? Cuando Lucas describe la escena de la crucifixión, dice: «Pero todos los conocidos de Jesús y las mujeres que lo habían acompañado desde Galilea, estaban a cierta distancia viendo estas cosas» (23:49). La palabra de Lucas para «conocidos» es *gnostós*, la misma que se utiliza en el Salmo 88. Su adverbio para «a cierta distancia» es *makrodsen*, perteneciente al mismo campo semántico que *makruno*, del Salmo 88. Lucas parece aludir intencionalmente al Salmo 88. Quiere que oremos ese salmo mientras

---

18. Cirilo de Jerusalén, *The Works of Saint Cyril of Jerusalem*, trad. Leo P. McCauley, SJ, vol. 2, The Fathers of the Church, vol. 64 (Washington, DC: Catholic University of America Press, 2010), 37.

pensamos en los acontecimientos de la crucifixión que acaba de documentar en su evangelio. La sangrienta escena que los conocidos contemplan desde la distancia —el cadáver de su maestro colgado de una cruz romana— es el lienzo sobre el cual se pintó el Salmo 88.

Antes de que analicemos el siguiente salmo —y a modo de transición—, observemos también que el lenguaje del Salmo 88 tiene un paralelo en Salmo 38:11.

Salmo 88:8: «Has alejado de mí mis amistades».

Salmo 88:18: «Has alejado de mí al compañero y al amigo; mis conocidos están en tinieblas».

Salmo 38:11: «Mis amigos y mis compañeros se mantienen lejos de mi plaga, y mis parientes se mantienen a distancia».

La situación descrita en ambos versículos es muy similar tanto en contenido como en lenguaje. Las palabras hebreas para «alejado de mí» (88:8) y «a distancia» (38:11) provienen de la misma raíz o tema (*r-kj-c*). Asimismo, los sustantivos hebreos para «amigos» y «compañeros» en 38:11 coinciden con los sustantivos para «amigo» y «compañero» en 88:18. Es difícil negar que ambos salmos se reflejan mutuamente.

Sin embargo, al comparar los salmos 38 y 88, podríamos pensar que los sorprendentes paralelos son una mera coincidencia. ¿Por qué? El Salmo 38 está clasificado como uno de los siete «Salmos penitenciales»[19]. En él, el poeta confiesa: «Nada hay sano en mi carne a causa de Tu indignación; en mis huesos no hay salud a causa de mi pecado. Porque mis iniquidades han sobrepasado mi cabeza; como pesada carga, pesan mucho para mí» (38:3-4). ¡Ciertamente estas no pueden ser palabras del intachable Hijo de Dios! Aun cuando el versículo 11 muestra una fuerte afinidad con el tema de la falta de amistad en el Salmo 88, ¿cómo podría el Mesías decir que está enfermo a causa del pecado y que sus iniquidades penden sobre su cabeza? Responderemos a esta pregunta viendo el siguiente salmo.

---

19. Se trata de los Salmos 6, 32, 38, 51, 102, 130, 143.

Salmo 41

Como muchas de las oraciones de David, el Salmo 41 se refiere al trauma que producen los ataques de los enemigos, especialmente los ataques verbales. Maliciosamente, sus enemigos dicen: «¿Cuándo morirá y perecerá su nombre?» (41:5). Sus detractores murmuran contra él; sueñan con que le ocurra lo peor (41:6-7). Esperando que sus palabras se hagan realidad, dicen: «Una cosa del demonio ha sido derramada sobre él, así que cuando se acueste, no volverá a levantarse» (41:8). Y como si tal odio no fuera lo suficientemente malo, añade: «Aun mi íntimo amigo en quien yo confiaba, el que de mi pan comía, contra mí ha levantado su talón» (41:9). La frase «íntimo amigo» es, literalmente, «hombre de mi shalom», es decir, alguien con quien yo estaba en paz. Sin embargo, este «amigo» se convirtió en enemigo. Traducido rígidamente, el hebreo tras «ha levantado su talón» es «ha engrandecido su talón». Sea lo que sea que describa esa expresión —los eruditos no están seguros—, ciertamente no es bueno. El «talón» se asocia frecuentemente con el «engaño» o la «trampa», como en la historia de Jacob, el «Hombre del talón» en persona (Gn 25:26; 27:36; *cf.* Jer 9:4). Y no podemos olvidar que, ya en Génesis 3:15, el talón se asocia con el veneno de serpiente del maligno.

No sabemos qué acontecimiento de la vida de David inspiró este salmo. Como comentamos en el capítulo 3, tal vez refleje los acontecimientos que rodearon el golpe de Absalón y la traición de Ahitofel. Lo que sí sabemos, sin embargo, es que el Espíritu lo inspiró como una descripción de lo sucedido en los últimos días de la vida terrenal de Cristo. La noche en que celebró la Pascua con sus discípulos, después de lavarles los pies, Jesús dijo: «No hablo de todos ustedes. Yo conozco a los que he escogido; pero es para que se cumpla la Escritura: "El que come mi pan ha levantado contra mí su talón". Se lo digo desde ahora, antes de que pase, para que cuando suceda, crean que Yo soy» (Jn 13:18-19). La «Escritura» que se cumple es, por supuesto, el Salmo 41. Y el «hombre de mi paz» es Judas. Habiendo comido pan con Jesús, ahora «engrandecerá su talón» contra él cuando posteriormente lo traicione.

Es fácil ver cómo el resto del Salmo 41 describe el ministerio de Jesús, especialmente teniendo en cuenta las mentiras maliciosas y los ataques verbales que tuvo que soportar por parte de sus adversarios. No obstante, hay un versículo que puede resultar inquietante para algunos lectores. ¿Cómo puede ser Cristo el hablante de este versículo: «Yo dije: "Oh Señor, ten piedad de mí; sana mi alma, porque contra Ti he pecado"» (41:4)? Esto nos envía de vuelta a la pregunta que hicimos al final de la sección anterior sobre el Salmo 38. ¿Cómo puede el Mesías decir que está enfermo a causa del pecado y que sus iniquidades penden sobre su cabeza (38:3-4)? En el Salmo 41 encontramos un lenguaje muy similar. ¿Por qué el Mesías oraría pidiendo gracia? ¿Cómo podía decir a su Padre: «He pecado contra ti» (41:4)?

¿Será que Jesús pecó? ¿Que rompió algún mandamiento de su Padre? No, porque las Escrituras dicen claramente que Jesús, nuestro sumo sacerdote, fue tentado como nosotros, pero «sin pecado» (Heb 4:15). ¿Podría ser que este versículo (Sal 41:4) no proceda realmente de los labios del que habla en el resto del salmo? No, porque eso no tiene sentido textual. En toda la oración, el «yo» del Salmo 41 es el mismo hablante. Por lo tanto, si Cristo no tiene pecado, pero ora «contra Ti he pecado», ¿cómo resolveremos esta aparente contradicción?

Las Escrituras nos han preparado para la respuesta de diversas maneras. Por un lado, el culto de Israel incluía numerosos tipos de sacrificios en los que se ofrecían animales, libres de mancha, en nombre de aquellos que habían quedado impuros por el pecado o la muerte. Sin importar qué teoría se utilice para explicar la conexión entre el adorador y el animal, terminamos en el mismo lugar: el ser humano manchado ofrece un animal sin mancha con el resultado de que el pecador queda limpio o perdonado. La víctima «sin pecado» asume, de alguna manera, la impureza. Solo así tienen sentido las palabras de Juan el Bautista: «Ahí está el Cordero de Dios que quita el pecado del mundo» (Jn 1:29). Los oyentes de Juan lo habrían entendido porque estaban acostumbrados a pensar que, de algún modo, los corderos sacrificados «quitaban» los pecados. En el Salmo 41, y otros salmos similares (p. ej., el Salmo 38), el Mesías habla como alguien libre de mancha, sin pecado, pero también como la víctima sacrificial que llevará sobre sí el pecado del mundo. Él «no había hecho violencia, ni había engaño en Su boca», dice Isaías, y sin embargo, fue «Como cordero que es llevado al matadero», pues «fue herido por nuestras transgresiones, molido por nuestras iniquidades. El castigo, por nuestra paz, cayó sobre Él, y por Sus heridas hemos sido sanados» (Is 53:9, 7, 5). En resumen, lo sucedido en el altar de Israel nos enseña a orar los salmos de Israel.

La vocación del sumo sacerdote también nos instruye sobre cómo interpretar los salmos en los que el Mesías confiesa pecados. En las vestiduras del sumo sacerdote había dos representaciones diferentes de las tribus de Israel. En primer lugar, en las hombreras había dos piedras de ónice, cada una de las cuales llevaba seis nombres de las tribus de Israel (Éx 28:9). Cuando el sumo sacerdote se ponía el efod, llevaba «sus nombres delante del SEÑOR sobre sus dos hombros por memorial» (28:12). En segundo lugar, sobre el pectoral —una bolsa cuadrada que contenía el Urim y el Tumim— había cuatro hileras de piedras preciosas, cada hilera formada por tres piedras. Estas doce piedras representaban a las doce tribus (28:21).

Todas estas piedras juntas —las dos de ónice y las otras doce— eran una proclamación emblemática de que el sacerdote era la encarnación representativa de las tribus. Todo Israel se fundía en Aarón cuando este se presentaba ante Dios. Ese hombre *era* la nación. Él mismo era un pecador, sin duda, pero como además era el símbolo singular de la nación ante el Señor, llevaba también ante Dios los pecados de la nación, *incluyendo aquellos que él, personalmente, no había cometido.* Vemos la representación ritual de esto en el Día de la Expiación, cuando el sumo sacerdote debía poner sus manos sobre la cabeza del macho cabrío y «[confesar] sobre él todas las iniquidades de los israelitas y todas sus transgresiones, todos sus pecados» (Lv 16:21). El sacerdote confesaba no solo sus propios pecados, sino también los de los demás, «todas las iniquidades de los israelitas». Cuando Cristo vino como nuestro gran y último sumo sacerdote, él también *era* la nación. De hecho, era *toda la humanidad* reducida a un solo hombre. Aunque no tenía pecados propios que confesar, confesó todas las iniquidades, transgresiones y pecados de cada individuo, de cada época y lugar, en el grande y culminante Día de la Expiación conocido como Viernes Santo. Lo que hace en los

Salmos, al orar: «He pecado contra ti» (41:4), es orar como nuestro sumo sacerdote.

Puesto que Jesús es el sacrificio por nuestros pecados, así como nuestro sumo sacerdote, y puesto que «Dios estaba en Cristo reconciliando al mundo con Él mismo, no tomando en cuenta a los hombres sus transgresiones» (2Co 5:19), Pablo puede escribir que «Al que no conoció pecado, [Dios] lo hizo pecado por nosotros, para que fuéramos hechos justicia de Dios en Él» (5:21). Como portador del pecado, él fue también quien confesó el pecado en los Salmos. Hablando de esos salmos, Martín Lutero escribe: «En estos salmos, el Espíritu Santo habla en la Persona de Cristo y testifica con palabras claras que ha pecado o tiene pecados. Estos testimonios de los Salmos no son las palabras de un inocente; son las palabras del sufrimiento de Cristo, que se encargó de llevar en sí a todos los pecadores y, por tanto, se hizo culpable de los pecados de todo el mundo»[20]. Dietrich Bonhoeffer lo explica de manera similar:

> Sin embargo, podría surgir la pregunta de cómo debemos entender el hecho de que Cristo ore también estos salmos con nosotros. ¿Cómo puede pedir perdón el que está libre de pecado? De ningún modo, excepto porque, siendo aquel que no tiene pecado, puede llevar los pecados del mundo y hacerse pecado por nosotros (2 Corintios 5:21). Jesús no pide perdón por pecados suyos, sino por los nuestros, los cuales lleva sobre sí y por los cuales sufre. Ocupa el lugar nada más que por nosotros. Quiere ser un hombre delante de Dios como lo somos nosotros. Por eso, además, ora con nosotros la más humana de las oraciones, y así, demuestra precisamente que es el verdadero Hijo de Dios[21].

Anteriormente, dije que Jesús no es solo el que ora los Salmos 1-5, sino también el pecador que ora en el Salmo 6. Nuestra discusión sobre el Salmo 41 debería haber explicado adecuadamente lo que quise decir. En efecto, esta perspectiva abre la puerta a los Salmos de par en par. Hace

---

20. Lectures on Galatians—1535, AE 26:279.
21. Bonhoeffer, *Psalms*, 51.

años, recuerdo haber pensado: «Claro, puedo imaginarme a Jesús orando el Salmo 1, el 3, y muchos otros que normalmente se consideran no mesiánicos. Pero ¿el Salmo 6, el 51, o aun el 119? En ellos, el poeta confiesa iniquidades o admite que se ha alejado de Dios. No, no funciona». Probablemente, yo suponía que, cuando esos salmos se cantaban en la sinagoga, ¡Jesús se quedaba tranquilamente sentado! Ahora veo las cosas de otra manera. Sé que, si un salmo cualquiera estaba en los labios de los demás, estaba también en los labios de Jesús. De hecho, el salmo era más suyo que de cualquiera.

Una sugerencia y una grata advertencia

Antes de terminar este capítulo, permíteme darte un consejo práctico sobre los Salmos, y hacerte una advertencia. Primero, el consejo. Cuando tenía poco más de veinte años, alguien me animó a empezar a orar usando los Salmos. No escogiéndolos según mis estados de ánimo, mis deseos o mis circunstancias, sino sistemáticamente, siguiendo el orden canónico.

He seguido este consejo las tres últimas décadas —con algunas lamentables lagunas—. Esta disciplina ha sido parte de la vida de oración de la Iglesia por mucho tiempo, y algunas tradiciones oran el salterio completo cada semana. El orden que yo sigo abarca todo el libro cada mes. Una rápida búsqueda en Internet te permitirá encontrar una tabla que divide los 150 salmos según los días del mes, orando algunos por la mañana y otros por la tarde[22]. Te animo a elegir una traducción de la Biblia que te guste, que te dé confianza y que pienses utilizar por años. Si usas una sola traducción, te será más fácil memorizar muchos de los salmos. Te tomará unos diez minutos orar los salmos asignados para cada día. Ora en voz alta. Deja que las palabras te empapen y te inunden. Ora fielmente cada día, aun cuando no tengas ganas, y de hecho, hazlo especialmente cuando no tengas ganas de orar.

Ese es el consejo. Ahora, la advertencia, que es de aquellas que resultan gratas. Bonhoeffer, citando a Lutero, lo dice mejor: «Quien haya comenzado a orar el Salterio con seriedad y regularidad, pronto dará vacaciones a otras oraciones devocionales menores, y dirá: "Ah, no encuentro

---

22. Por ejemplo, https://standrews.ws/files/2017/11/Daily-Psalm-Readings.pdf.

el sabor, la fuerza, la pasión, el fuego que encuentro en el Salterio. Se sienten demasiado frías y duras" (Lutero)»[23]. Así que considérate advertido: ¡los Salmos te «malcriarán»! Otras oraciones, por muy bonitas, verdaderas o útiles que sean, no llegarán a lo más profundo de tu ser como los Salmos. Estos «serán tu perdición» de la mejor manera posible.

Terminemos este capítulo, y a la vez nuestro estudio, de la misma forma que el Salterio, con un Aleluya a aquel cuya cruz ocupada y cuya tumba vacía dan forma a toda nuestra alabanza:

¡Aleluya!
Alaben a Dios en Su santuario;
    Alábenlo en Su majestuoso firmamento.
Alaben a Dios por Sus hechos poderosos;
    Alábenlo según la excelencia de Su grandeza.
Alaben a Dios con sonido de trompeta;
    Alábenlo con arpa y lira.
Alaben a Dios con pandero y danza;
    Alábenlo con instrumentos de cuerda y flauta.
Alaben a Dios con címbalos sonoros;
    Alábenlo con címbalos resonantes.
Todo lo que respira alabe al Señor.
¡Aleluya!

Salmo 150

PREGUNTAS PARA DISCUSIÓN

1. Los Salmos se describen como palabras de Dios para nosotros que se convierten en palabras nuestras para Dios. ¿Cómo esto los distingue de otras oraciones? Discute el significado de lo siguiente: «La teología es doxología. La teología debe cantar». ¿Cómo canta la teología? En relación con esto, ¿se puede estudiar a Dios? ¿Por qué sí, o por qué no?

---

23. Bonhoeffer, Psalms, 25.

2. Jesús se autodenomina «el Amén» en Apocalipsis 3:14. ¿Qué implica esto con respecto a la oración, específicamente los Salmos? ¿Cómo es posible, para nosotros, «sonar como Jesús» mientras oramos?

3. Reflexiona sobre la ilustración de Agustín, que dice que algunos salmos son «oraciones del cuerpo» y otros son «oraciones de la cabeza». ¿Te parece útil el ejemplo que da? ¿Por qué sí, o por qué no? Señala algunos salmos que entrarían en una u otra categoría.

4. Reflexiona sobre la forma en que Bonhoeffer explica cómo es posible que las personas y Jesús oren el Salterio juntos. ¿Te parece útil el ejemplo que da? ¿Por qué sí, o por qué no? Habla sobre la necesidad de preguntar primero qué tienen que ver los Salmos con Jesús antes de preguntar qué tienen que ver con nosotros.

5. Describe algunos de los acontecimientos de la vida de Jesús (Mt 26:30; Mt 27:46; Lc 23:46; Jn 19:28) y de la Iglesia primitiva (Hch 4:23-26; 16:25; 1Co 14:26; Ef 5:18-20; Col 3:16) en los cuales se cantaron salmos. ¿Por qué Jesús y sus seguidores recurrían a los Salmos con tanta frecuencia? ¿Qué dice Jesús sobre los Salmos en Lucas 24:44? ¿Qué nos dice esto sobre cómo deberíamos orarlos y leerlos?

6. ¿Qué tres nombres o títulos se dan a Jesús en el Salmo 2? ¿Cómo interpretaron los primeros cristianos este salmo en Hechos 4:25-27? Discute cómo aplicaron los detalles particulares del Salmo 2 a Cristo y a la obra de la Iglesia. ¿De qué manera este salmo aún describe el ministerio y la misión de la Iglesia hoy?

7. ¿Qué lenguaje de creación aparece en el Salmo 8? Basándonos en Deuteronomio 12:11, 1 Reyes 8:16 y Salmo 124:8, ¿qué o quién podría ser el «nombre» en Salmo 8:1? ¿En qué contexto se refiere Jesús a este salmo y qué sugiere que significa (Mt 21:16)? Discute cómo Hebreos 2:5-10 interpreta y aplica el Salmo 8 a Jesús.

8. Lee el Salmo 88 pensando en la crucifixión y la muerte de Jesús. ¿Qué paralelos ves? ¿De qué manera Lucas 23:49 refleja el salmo?

9. ¿Qué idea nos da Juan 13:18-19 sobre el Salmo 41? Discute la variedad de formas en que podemos entender cómo Jesús puede confesar pecados en salmos como este. ¿De qué manera te ayuda esto a interpretar también otros salmos?

10. Habla de formas prácticas en que los Salmos pueden ser más parte de tu vida como individuo, en la familia, o en la Iglesia. ¿Qué parte de este capítulo te ha ayudado más? ¿Qué nuevas ideas tienes sobre Cristo y los Salmos?

Epílogo
Una oración por el lector

Oh Señor, me gustaría dedicar el final de este libro a algunas peticiones en favor de los lectores que, por algunas horas, han tenido la bondad de bucear en las profundidades de este libro o al menos patinar en su superficie (yo mismo he dado solamente un vistazo a unos cuantos libros, así que no voy a tirar piedras).

En primer lugar, permíteme decir: Aleluya por ellos. No sé por qué leyeron el libro. ¿Fue un regalo? ¿Una tarea? ¿Lo hicieron por curiosidad? Oh Señor, tú lo sabes. Realmente no importa cuál haya sido su motivación. Lo importante, al menos para mí, es que entraron en las páginas de este pequeño mundo impreso. Tú, querido Dios, conoces los corazones de nosotros, pobres y miserables autores. Sabes que, aunque escribimos por muchas razones, hay una cosa que seguramente todos queremos: queremos que la gente recorra para arriba y para abajo las páginas que escribimos. Lo que a nosotros nos toma seis a doce meses, un lector típico puede terminarlo en seis a doce horas. El párrafo que recorren velozmente entre sorbos de café, nosotros lo escribimos, lo borramos, lo reescribimos, lo borramos y lo volvemos a escribir diez veces más, mientras nos arrancamos los pelos, le gritamos al perro y amenazamos con abandonar todo el maldito proyecto. Así que sí, naturalmente queremos que lo lean. Gracias, Jesús, por ponerlo en sus manos.

En segundo lugar, y de manera más particular, oh Señor, utiliza este libro para jugar ese misterioso juego romántico que te gusta. Ya sabes, ese en el que comienzas a dar a los corazones descarriados un amor ardiente por tu palabra. No sé cómo lo haces. Tu Espíritu, al igual que el viento, sopla por donde quiere. Que, a través de estas páginas, prueben un poco de la leche y la miel de tu palabra y anhelen más. Llámalos otra vez a la zarza ardiente y enciende en ellos la pasión por saber más de tu mensajero. Vuelve a presentarles el canto de la creación para que atraviesen el portal del Génesis danzando. Si sus corazones están doloridos y sangrantes, siéntalos entre los escombros de los Salmos y enséñales a lamentarse mientras tus manos invisibles curan sus heridas. Utiliza mis pobres y vacilantes palabras para guiarlos a las ricas y estables Escrituras que son el depósito de la sabiduría y la vida celestiales.

Mi tercera y última petición, querido Padre, es muy grande: jamás permitas que lean el AT sin que el Jesús crucificado y resucitado aparezca en cada página, señalándose a sí mismo, y diciendo: «Estas Escrituras dan testimonio de mí».

Estoy muy consciente, Señor, de que los autores inspirados por tu Espíritu entintaron sus pergaminos con obras maestras de la literatura, repletas de tramas cautivadoras, pérdidas desgarradoras, sustantivos galopantes y verbos alados. Shakespeare palidece en comparación con Isaías. David supera a Poe. Todo esto es cierto, y te alabo por ello. Pero te pido que les recuerdes que la belleza exterior de la Biblia no es nada comparada con el corazón cristológico interior de su relato. Sí, el éxodo es una historia estimulante, pero su misterioso mensaje se revela de manera final y culminante cuando tú, oh Cordero de Dios, eres clavado en ese cruel madero romano. Sí, el tabernáculo y el templo tienen el brillo del oro y estremecen los sentidos con sus ceremonias y rituales, pero ambos santuarios deben disminuir y desaparecer cuando tú, la Palabra, te encarnas y acampas entre nosotros. Espíritu Santo, ilumina los ojos y alumbra los corazones de todos los que se embarquen en una peregrinación de Génesis a Malaquías, para que vean cómo cada detalle, grande y pequeño, forma parte del mosaico que es Jesús el Mesías, la plenitud y el cumplimiento de las Escrituras.

Padre celestial, utiliza este pequeño libro para guiar a la gente a Cristo, la llave, el único que abre todas las puertas de la Torá, los Profetas y los Escritos, para revelar que él es el centro vivo y vivificante de todos ellos. Amén.

Índice de textos bíblicos